ラクうま

おかずおつまみ

お酒のおともに、ごはんのおともに。

あっきの家

マイナビ

毎日、晩酌の時間が待ち遠しい！
夫も子どもも大満足の
おかずおつまみ

はじめまして！　ほぼ毎日晩酌する呑兵衛主婦YouTuberのあっきです！　北海道で夫と子ども達、猫3匹とほのぼのと暮らしています。YouTubeでは主に、簡単なおつまみを作って夫婦の晩酌風景の動画を投稿しています。日々のしめくくりに大好きなお酒をたしなむのが楽しみで、簡単&時短でおいしいおつまみを研究中です。友達や家族と居酒屋に行くのも楽しいですが、私は家飲みが大好きです！　お財布にも優しく、ゆる〜っとリラックスしながら、時間も気にせず夫や子ども達と他愛もない話をしながら過ごせるのは、家飲みならでは。この本には、仕事や育児、家事に忙しい中でもパパッと作れるレシピが盛りだくさん！　身近な食材や調味料で気軽に作れて、日々の献立にもおすすめなごはんにも合うおかずおつまみです。ですから、飲む人も飲まない人も、子どももみんなで食卓を囲ってワイワイ楽しめちゃうんです。友達や家族との家飲みで「おいしい!!」と言われたらすごく嬉しいし、次は何を作ろうかな？とワクワクします。料理は楽しくないとやる気になれませんよね…。自分にラクな方法で日々の料理を楽しい時間にしちゃいましょう！　最後に数多くあるレシピ本の中から、この本を手に取っていただきありがとうございます。至福な晩酌のひと時を過ごせるお助けレシピとなれば嬉しいです。家飲みに乾杯！

あっき

毎日の晩酌が劇的においしくなる
おかずおつまみ 5か条！

家飲みが大好きなそこのあなた！ 劇的においしい居酒屋風おつまみを作って、大満足の家飲みライフを送ってみませんか？

其の 1

手間のかかるレシピとかからないレシピを組み合わせて時短！

毎日の夕飯のおかず作りと一緒で、家飲みおつまみも手軽に作れるのが一番！ 子ども達も一緒においしく食べたいから、1品は手間がかかってもボリュームのある肉や魚のおかずおつまみを作ります。それ以外は、切って和えるだけ、混ぜるだけぐらいの手間のかからない野菜などのおかずおつまみを組み合わせればOK！ お酒に合う味のおかずは、ごはんにもピッタリ！ お父さんとお母さんは晩酌用のおつまみに、子ども達はごはんと汁物を添えておかずとして食べます。手間のかかるもの、焼き時間の長いものから作り始めると、トータルで時短に。

20分

つくねは手間はかかるけど家飲みには欠かせない！

たたいて和えるだけ！

＋

切って和えるだけ！

5分

5分

電子レンジやトースターを使うレシピを入れて同時調理で時短！

手間のかかるおかずを1品作ろうと思うと、意外に時間がかかってしまうもの。そんなときは、電子レンジやトースターを最大限に活用して、同時調理でパパッと仕上げていきましょう。例えば、じゃがいもを電子レンジで10分加熱している間に、材料を切ってほかの調理を進めたり、チーズをかけてトースターに入れ、加熱している間に、和え物やサラダを仕上げたりすると、時間がかかりそうなおかずおつまみの献立も、意外とラクに作れることに気づくと思います。電子レンジは野菜や根菜の下ゆでや、チャーシューなどのおかず作りや蒸し物にも使えて便利。トースターは焼き目をつけるものにぴったりなので、チーズ焼きやキッシュなどのおかずおつまみに活用を。アツアツのうちに食卓に出すためにも、最後の方で加熱するように心がけましょう。

煮豚も電子レンジを使えば加熱している間に同時調理！

食材に味つけをしてトースターで加熱するだけ！

キッシュをトースターで作れるのも手軽で嬉しい♪

其の *3*

必ず野菜のおつまみを
メニューに加えて
栄養満点に！

家飲みをするときは、ついついお酒が進むような、から揚げに焼き鳥、刺身に焼き魚、味玉、冷奴など、肉や魚、卵、大豆製品のおかずに偏りがち。また、チーズ焼きやピザなどの高カロリーのものも欠かせないですね。ここで心がけたいのが栄養バランス。高カロリー、高脂質の味の濃いおかずを食べながら、お酒をがぶ飲みしていると、知らず知らずのうちに生活習慣病を引き起こし、不健康な体になってしまいます。せっかくおいしく楽しく家飲みするのですから、1食の中でバランスを考えて食べましょう。肉や魚のおかずおつまみには、必ず野菜を使ったおかずおつまみを添えること。赤、緑、黄などの色を意識しながら組み合わせると、自然に栄養バランスも整います。野菜のおつまみは簡単なものが多いので、数種類作って食卓に並べるのもおすすめですよ。

其の 4

常備食材を
うまく活用する

おかずおつまみ作りに欠かせないの
が常備食材。油揚げや厚揚げ、納豆
などの大豆製品、魚肉ソーセージや
ちくわ、ツナ缶、さば缶などの魚介
加工品、餃子や焼売の皮などは、常
備しておくとあともう一品作りたい
ときに重宝します。また、キムチな
どの漬け物、塩昆布、明太子、なめ
茸、のりの佃煮などは、調味料とし
ても役立ちますし、削り節、刻みの
り、青のり、天かすも常備しておく
とトッピングに使えて風味づけにも
なり、便利です。

其の 5

調味料はなるべく
定番の
身近なものを使う

本書では、なるべく身近な調味料で
味つけをしています。基本調味料の
ほかに洋風、中華風などに欠かせな
いトマトケチャップ、マヨネーズ、
めんつゆ、ウスターソース、白だし、
焼き肉のタレ、オイスターソースな
どの調味料や、酸味をプラスする酢、
レモン汁、粒マスタード、辛みをプ
ラスする豆板醤、コチュジャン、ラ
ー油、ゆずこしょう、練りがらしな
どを揃えておくと◎。にんにくやし
ょうがはチューブ入りでOKです。
ごま油やオリーブオイルは香りや風
味が広がります。

この本の使い方

・材料はその料理に適した分量にしています。

・計量単位は大さじ1＝15㎖、小さじ1＝5㎖、1カップ＝200㎖、米1合＝180㎖です。

・「ひとつまみ」は小さじ1/6、「少々」は小さじ1/6未満を、「適量」はほどよい量を入れること、「適宜」は好みで必要があれば入れることを示します。

・野菜類は特に記載のない場合、皮をむくなどの下処理を済ませてからの手順を説明しています。

・火加減は特に記載のない場合、中火で調理してください。

・電子レンジは600Wを基本としています。500Wの場合は加熱時間を1.2倍にしてください。機種によって加熱時間に差があることがあるので、様子を見ながら加減してください。

Part 1

ボリューム満点！
おかずおつまみ

メインおかずから一品料理や副菜などを幅広くご紹介。
肉や魚などの食材によっておかずを決めるもよし、
がっつり食べたいときなどのシチュエーションに合わせて決めても！
大満足のおかずレシピをぜひ試してみてください。

肉のおかず おつまみ

お酒によく合う肉料理のおつまみをご紹介。
忙しいときでも簡単に作れるアイデア満載で、
おいしくてボリュームのある肉料理をお試しあれ！

01

甘辛味 梅味

照り焼きマヨ＆梅しそつくね

パン粉を入れてよりふっくらジューシーに！

20分

材料（4人分）

鶏ひき肉（むね・もも）
　…400g（各200g）
長ねぎ…1/2本
梅干し…1～2粒
青じそ…8枚
卵白…2個分
A｜パン粉…大さじ4
　｜片栗粉…大さじ2
　｜おろししょうが…小さじ1
　｜塩・こしょう…各少々
B｜しょうゆ・酒・みりん
　｜　…各大さじ2
　｜砂糖…小さじ2
マヨネーズ…適量
サラダ油…大さじ1
卵黄…2個分

作り方

1 長ねぎはみじん切りにする。梅干しは種を取り除き、刻んでペースト状にする。青じそは半量（4枚）をせん切りにする。

2 ボウルにひき肉、卵白、長ねぎ、Aを入れて粘りが出るまで手でよく混ぜ合わせる。

3 フライパンにサラダ油をしき、手にサラダ油（分量外）を塗って2を8等分にする。楕円形に成形し、フライパンに並べ入れる。

4 蓋をして弱めの中火にかけ、3分ほど焼く。裏返して蓋をし、さらに3分ほど焼く。

5 4にBを加え、フライパンを揺らしてタレを絡めて取り出し、つくね1個に竹串を2本刺す。これを8個分作る。

6 器に残りの青じそを2枚ずらして重ね、2か所に置く。その上につくねを1個ずつ置き、マヨネーズをかける。残りのつくねを2個置き、その上に梅干し、せん切りにした青じそをのせて卵黄につけていただく。

ビール
レモンサワー
日本酒

おすすめのお酒

\ Akki's memo /

成形するときは手にサラダ油をつけるとくっつかずにきれいに作れます。

おすすめのお酒

ビール
ワイン

15分

02 ソース味
そのまんまハンバーグ

きのこをプラスしてうまみアップ!

材料（2人分）

合いびき肉…300g
塩・こしょう…各少々
小麦粉…大さじ1
マッシュルーム…3個
A｜酒・中濃ソース・
　　トマトケチャップ
　　…各大さじ2
サラダ油…大さじ1
ベビーリーフ…適量

作り方

1 パックに入ったひき肉に塩・こしょうを
　ふり、小麦粉を加える。手で混ぜ合わせ、
　パックの形に整える。
2 マッシュルームは薄切りにする。
3 フライパンにサラダ油を熱し、1のパック
　を裏返して入れ、弱めの中火で2〜3分焼く。
4 ペーパータオルでフライパンの余分な脂
　を拭き取り、裏返して2を加える。蓋をし
　て5分ほど焼く。
5 脂を少し残してペーパータオルで拭き取
　り、Aを加える。ソースを全体に絡めて器
　に盛り、リーフレタスを添える。

\ Akki's memo /

ひき肉はパックに入れたま
ま混ぜてそのまま焼けば時
短で、洗い物も少なく、イ
ンパクトのあるハンバーグ
になります。

材料（4人分）

豚肩ロース肉…250g
A ┃ 焼き肉のタレ…大さじ4
　┃ 酒…大さじ2
　┃ おろししょうが・
　┃ 　おろしにんにく…各小さじ1
練りがらし…適量

作り方

1 耐熱容器に豚肉を入れてフォークで両面に数か所穴を開ける。
2 Aを加えて全体になじませる。ふんわりとラップをし、常温で30分〜2時間ほどおく。
3 電子レンジで4分加熱する。裏返して再びふんわりとラップをし、さらに4分加熱してラップをしたまま粗熱を取る。
4 薄切りにして器に盛る。残ったタレをかけて練りがらしを添える。

※ 電子レンジの加熱時間は豚肉250gを目安にしています。グラム数の多少の差で加熱時間が変わってくるので、火が通っているか確認しましょう。

\ Akki's memo /

豚肉はふんわりとラップをして加熱しましょう。加熱後はラップをしたまま粗熱を取ることで、余熱でじっくり中まで火が入ります。

03

焼き肉のタレ味

レンジで煮豚

噛むたびに肉肉しい食感で食べ応え満点！

40〜130分

おすすめのお酒

ビール
日本酒

材料（2人分）

鶏もも肉…2枚（250g×2）
おろしにんにく…小さじ2
塩・こしょう…各小さじ1
A｜酒…大さじ2
　｜みりん・ごま油…各大さじ1
　｜しょうゆ…小さじ1
レタス・ミニトマト…各適量
好みの塩…適宜

作り方

1 鶏肉は筋や脂肪を取り除き、おろしにんにくを揉み込む。鶏肉2枚に塩・こしょうを半量ずつふり、さらに揉み込む。
2 鶏肉1枚を端からクルクル巻き、もう1枚の鶏肉に重ねてさらにクルクル巻く。
3 たこ糸で横巻きにきつく縛ったら、縦巻きできつく縛る。ジッパー付き保存袋に入れて冷蔵庫で一晩おく。（ここまでを前日に仕込んでおく）
4 耐熱容器に3をのせ、Aを加える。ふんわりとラップをし、電子レンジで7分加熱する。裏返して再びふんわりとラップをし、さらに7分加熱したらラップをしたまま粗熱を取る。
5 たこ糸をほどき、薄切りにする。器に盛り、ちぎったレタス、半分に切ったミニトマトを添え、好みの塩につけていただく。

04 塩味
鶏もも塩チャーシュー
甘辛いタレでお酒が進む！

ビール
ハイボール

おすすめのお酒

60分
（おく時間は除く）

※ 電子レンジの加熱時間は鶏肉2枚500gを目安にしています。グラム数の多少の差で加熱時間が変わってくるので、火が通っているか確認しましょう。

おすすめのお酒

ビール
日本酒

05 ポン酢味
豚肉と長いもの
しょうがポン酢
しょうがとポン酢でさっぱり！

15分

材料（2人分）

豚こま切れ肉…200g
長いも…200g
A｜酒…大さじ1/2
　｜片栗粉…小さじ1/2
　｜塩…小さじ1/4
　｜こしょう…少々

B｜ポン酢しょうゆ
　｜…大さじ2
　｜おろししょうが
　｜…小さじ2
　｜ごま油…大さじ1
小ねぎ…適量

作り方

1 豚肉にAをまぶして揉み込み、大きいものはちぎる。
2 長いもはピーラーで皮をむき、1cm厚さの輪切りにする。小ねぎは小口切りにする。
3 耐熱皿に2と、一口大にまとめた1を交互に並べる。
4 ふんわりとラップをし、電子レンジで7分加熱する。
5 混ぜ合わせたBをかけて、小ねぎを散らす。

魚のおかず おつまみ

魚や魚介類を使ったおつまみレシピ。
簡単に作れる和食や中華料理などを覚えておけば
お酒のレパートリーも広がります。

01 みそ味
新じゃがと鮭のちゃんちゃん焼き

鮭は両面軽く焼くことで香ばしく、さらにおいしく！

20分

材料（2人分）

新じゃがいも…小3個
生鮭…2切れ
にんじん…1/4本
キャベツ…1/8玉
A | みそ…大さじ2と1/2
　 | 酒…大さじ2
　 | 砂糖・みりん・牛乳…各大さじ1
　 | しょうゆ…大さじ1/2
　 | おろしにんにく…小さじ1
塩・こしょう…各少々
もやし…1/2袋
水…大さじ1
サラダ油…大さじ2

作り方

1 じゃがいもは皮ごと食べやすい大きさに切る。耐熱容器に入れてふんわりとラップをし、電子レンジで4〜5分加熱する。

2 にんじんは縦半分に切り、斜め薄切りにする。キャベツはざく切りにする。Aは混ぜ合わせておく。

3 鮭に塩・こしょうをふる。スキレット（またはフライパン）にサラダ油大さじ1を熱し、鮭を入れて両面焼き色がつくまで焼く。

4 鮭を一度取り出し、スキレットの油をペーパータオルで拭き取る。残りのサラダ油を熱し、もやし、キャベツ、にんじん、1を順に入れてその上に鮭をのせる。

5 Aを回し入れて水を加え、アルミホイルをかぶせて（フライパンの場合は蓋をして）5分ほど蒸し焼きにする。

ビール
日本酒
焼酎

おすすめのお酒

\ Akki's memo /

鮭を野菜の上にのせて蒸し焼きにすることで、鮭のうまみを野菜に移すことができます。

おすすめのお酒

ビール
ハイボール

15分

02 甘辛味

レンチンえびチリ

調味料はダマにならないようにしっかり混ぜて！

材料（2人分）

えび（下処理済み）…8尾
しょうが…5g
にんにく…1かけ
長ねぎ…10cm
A｜トマトケチャップ・水
　　…各大さじ2
　｜砂糖・酒・ごま油
　　…各大さじ1
　｜酢・しょうゆ…各大さじ1/2
　｜片栗粉…小さじ1
　｜豆板醤…小さじ1/2
B｜片栗粉…大さじ1
　｜ごま油…小さじ1
小ねぎ…1〜2本
レタス…適宜

作り方

1 しょうが、にんにく、長ねぎはみじん切りにする。小ねぎは小口切りにする。
2 耐熱容器にしょうが、にんにく、長ねぎ、Aを入れて混ぜ合わせる。
3 えびにBをまぶして揉み込み、2に加えて軽く混ぜる。
4 ふんわりとラップをし、電子レンジで3分加熱する。よく混ぜ合わせて再びふんわりとラップをし、さらに2分加熱する。器に盛り、レタスを添えて小ねぎを散らす。

\ Akki's memo /

片栗粉で身縮みを防ぎ、プリプリ食感に。ごま油でくっつきを防止して衣をはがれにくくします。

03 しょうゆ味
いわしのかば焼き缶餃子
味つけいらずのおうちおつまみ！

15分

日本酒
焼酎

おすすめのお酒

材料（2人分）

いわしのかば焼き缶
　…1缶（100g）
青じそ…4〜5枚
しょうが…5g
餃子の皮…8枚
水…100㎖
サラダ油…大さじ1
ごま油…適量
酢・ラー油…各適宜

作り方

1 青じそ（1枚は飾り用に取っておく）は粗く刻み、しょうがはみじん切りにする。
2 ボウルに1、いわしを入れてほぐしながら混ぜ、8等分にする。
3 餃子の皮1枚のふちに水をつけ、2のたね1個分をのせてひだを作って包む。これを8個作る。
4 フライパンにサラダ油を熱し、3を入れて焼き色がつくまで焼き、水を回し入れて蓋をする。
5 弱火にし、水分がなくなるまで蒸し焼きにしたらごま油を回し入れてパリッとするまで焼く。器に飾り用の青じそと餃子を盛り、好みで酢、ラー油につけていただく。

Akki's memo

肉だねが出てしまうと焦げるので、皮同士はしっかりくっつけましょう。

18

04

しょうゆ味

まぐろとアボカドの漬け

わさびの風味がガツンときいておいしい！

おすすめのお酒

ビール
日本酒

材料（2人分）

まぐろ（刺身用）…100g
アボカド…1個
わさび・しょうゆ・めんつゆ（4倍濃縮）
　…各大さじ1
ごま油…大さじ1/2
白炒りごま…適量

作り方

1 まぐろはぶつ切りにする。アボカドは種を取り除き、食べやすい大きさに切る。
2 ポリ袋に全ての材料を入れ、調味料が全体に絡むように、ポリ袋の上からやさしく揉み込む。

5分

15分

ビール
日本酒

おすすめのお酒

05 しょうゆ味

いかのバターしょうゆ焼き

マヨネーズと一味をつけて食べても！

材料（2人分）

するめいか…1杯
小麦粉…小さじ2
A｜バター…5g
　｜しょうゆ…小さじ2

バター…10g
一味唐辛子・マヨネーズ
　…各適量

作り方

1 いかは内臓を取り出し、足を切り離す。胴は開いて両面に浅く格子状の切り込みを入れ、両面に小麦粉をまぶす。
2 フライパンにバターを熱し、1を入れてフライ返しで押さえながら2分ほど焼く。裏返して同様に2分ほど焼き、取り出して食べやすい大きさに切る。
3 2のフライパンにAを入れて熱し、バターが溶けたら火を止める。
4 器に2を盛り、3をかける。一味唐辛子をかけたマヨネーズにつけていただく。

ごはんもの おつまみ

お酒も飲みたい！　でもがっつり食べたい！
そんなときにおすすめのごはんものおつまみ。
お酒も食も止まらないやみつきレシピをご紹介。

おすすめのお酒

ビール
レモンサワー

01

ソース味

オムそばめし

オムレツでボリュームアップ＆マイルドに！

15分

\ Akki's memo /

中華蒸しめんは細かく切る
ことでごはんとなじんで食
べやすくなります。

材料（2人分）

卵…3個
豚バラ肉…50g
キャベツ…1枚
塩・こしょう…各少々
中華蒸しめん（焼きそば用／
　ソースつき）…1玉
ごはん…茶碗に軽く1杯分
ウスターソース…大さじ1
A ┃ お好み焼きソース・
　 ┃ マヨネーズ・削り節・
　 ┃ 青のり…各適量
サラダ油…大さじ1
紅しょうが…適量

作り方

1　豚肉は細かく切る。キャベツはみじん切りにする。

2　耐熱容器に**1**を入れて塩・こしょうをふり、混ぜ合わせる。ラップをせずに電子レンジで1分30秒加熱する。

3　中華蒸しめんを縦横向きを変えてそれぞれ1cm幅に切る。

4　**2**に**3**、ごはん、付属のソース、ウスターソースを加えて調味料が全体に絡むまでよく混ぜる。ラップをせずに電子レンジで3分30秒加熱する。

5　ボウルに卵を割り入れて溶きほぐす。

6　スキレット（またはフライパン）にサラダ油を熱し、**5**の2/3量を流し入れる。軽くかき混ぜながら半熟になったら弱火にし、**4**を中央にのせる。

7　残りの**5**を周りに流し入れて火を止め、**A**を材料欄の順にかけて紅しょうがをのせる。

ビール
おすすめのお酒

10分

02 チーズ味
塩昆布とベーコンのチーズ焼きおにぎり
カリカリチーズとベーコンのうまみで止まらないおいしさ！

材料（2人分）

塩昆布…2つまみ
ベーコン（ハーフサイズ）…2枚
ごはん…茶碗2杯分
ピザ用チーズ…適量
青じそ…4枚

作り方

1 ベーコンは小さく切る。

2 ボウルにごはん、**1**、塩昆布を入れて混ぜ合わせる。4等分にしておにぎりを4個作る。

3 フライパンを熱し、チーズを4か所に分けて入れ、その上に**2**をのせる。

4 チーズがカリッと焼けたら裏返す。おにぎりを持ち上げて底面にチーズを置き、おにぎりをのせる。チーズにこんがり焼き色がつくまで焼く。器に青じそをしき、その上におにぎりを盛る。

\ Akki's memo /

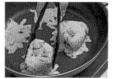

チーズはかたまるまで触らないようにしましょう。

21

03

甘辛味

15分

うどんとにらのチヂミ

裏返すときはお皿を使って裏返すと崩れにくい！

ビール
日本酒

おすすめのお酒

材料（2人分）

冷凍うどん…1玉
にら…1/2束
シーフードミックス（冷凍）…50g
卵…1個
A | 小麦粉…大さじ2
　　| 鶏がらスープの素…小さじ2
B | ポン酢しょうゆ…大さじ2
　　| 食べるラー油…大さじ1
ごま油…適量

作り方

1 うどん、シーフードミックスは袋の表示通りに電子レンジで解凍する。

2 うどんは細かく切る。にらは3cm長さに切る。シーフードミックスはキッチンバサミで小さく切って水けをきる。

3 ボウルに卵を割り入れ、**2**、**A**を加えてよく混ぜ合わせる。

4 フライパンにごま油を熱し、**3**を入れて平らにならし、両面焼き色がつくまで焼く。食べやすい大きさに切って器に盛り、混ぜ合わせた**B**につけていただく。

\ Akki's memo /

フライパンで焼くときは、しっかり平らにならすことで均等に火が通ります。

材料（2人分）

中華蒸しめん
　（焼きそば用）…1玉
冷凍むきえび
　（下処理済み）…5〜6尾
卵…2個
豚バラ肉…3〜4枚
にら…1/2束
ピーナッツ…6粒
にんにく…1かけ

A｜砂糖・酢・
　｜トマトケチャップ・
　｜オイスターソース・
　｜ナンプラー
　｜　…各大さじ1と1/2

桜えび…適量
もやし…1/2袋
レモン…1/4個
サラダ油…大さじ1

作り方

1　えびは解凍しておく。
2　ボウルに卵を割り入れ、溶きほぐす。
3　豚肉は食べやすい大きさに切る。にらは4〜5cm長さに切り、ピーナッツは粗く刻む。にんにくはみじん切り、レモンはくし形切りにする。
4　ボウルににんにく、Aを入れて混ぜ合わせる。
5　フライパンにサラダ油を熱し、2を流し入れる。軽くかき混ぜながら半熟になったら一度取り出す。
6　5のフライパンに豚肉を入れて軽く色が変わるまで炒め、1を加えて炒める。桜えびを加えて軽く炒め、中華蒸しめんを加えてほぐす。
7　6にもやし、にらを加えて炒め、5を戻し入れてピーナッツを加える。4を回し入れて調味料がなじむまで全体を混ぜ合わせる。器に盛り、レモンを添える。

04　**ナンプラー味**

パッタイ風焼きそば

中華蒸しめんで本格タイ料理！

おすすめのお酒

ビール
レモンサワー

20
分

（解凍時間は除く）

10
分

ビール
ハイボール

おすすめのお酒

05　**塩味**

生ハムとのりのカナッペ

韓国のりの塩味がよいアクセントに！

材料（2人分）

バゲット（1.5cm厚さ）…6枚
クリームチーズ…60g
生ハム…6枚
韓国のり…適量

作り方

1　天板にアルミホイルをしき、バゲットを並べる。トースターでこんがり焼き色がつくまで焼き、器にのせる。
2　バゲットにクリームチーズを塗り、生ハム、韓国のりをのせる。

お酒にはやっぱりチーズ！
とろ〜っと溶けるチーズのコクとうまみでお酒がぐびぐび。
間違いないおつまみ料理をご堪能あれ。

ビール
日本酒

おすすめのお酒

15分

01 チーズ味

明太チーズだし巻き卵

卵に水溶き片栗粉を入れることで破れにくく！

材料（2人分）

卵…3個
A 　水…大さじ2
　　　白だし
　　　　…小さじ2〜大さじ1
　　　砂糖…小さじ2
水溶き片栗粉…片栗粉小さじ1
　　　　＋水小さじ2
明太子…1腹
小ねぎ…2本
ピザ用チーズ…適量
サラダ油…大さじ1

作り方

1 ボウルに卵、**A**を入れて溶きほぐしたら水溶き片栗粉を加えて混ぜ合わせる。

2 明太子は皮を取り除く。小ねぎは小口切りにする。

3 卵焼き器にサラダ油小さじ1を弱めの中火で熱し、1の1/3量を流し入れる。軽くかき混ぜながら半熟になったらピザ用チーズを奥から中央にかけて隙間をしきつめるように置く。

4 チーズの中央に明太子を帯状に広げて置き、その上に小ねぎを散らす。フライ返しで奥から手前に向かって巻き、再びサラダ油小さじ1をしいて残りの1の半量を流し入れ、手前に向かって巻く。これをもう一度行い、取り出して食べやすい大きさに切る。

Akki's memo

自分が巻きやすい位置に具を置いて巻いてください。

02 チーズ味

しいたけとベーコンのキッシュ

ごろごろ入ったしいたけがふわとろのキッシュによく合う！

材料（2人分）

生しいたけ…大3個
ブロックベーコン…50g
卵…2個
A｜ピザ用チーズ…30g
　｜牛乳…大さじ3
　｜マヨネーズ…大さじ1
　｜めんつゆ（4倍濃縮）
　｜…小さじ2
パセリのみじん切り…適量

作り方

1 しいたけは石づきを取り除き、薄切りにして軸も薄切りにする。ベーコンは食べやすい大きさに切る。
2 ボウルに卵を割り入れて溶きほぐし、A、1を加えてよく混ぜ合わせる。
3 2を耐熱容器に流し入れてトースターで15分加熱し、パセリを散らす。

※ 卵の大きさによって加熱時間が変わるので、まだかたまっていなければ様子を見ながら2分ずつ追加して加熱する。

\ Akki's memo /

材料が卵とよくなじむようにしっかり混ぜましょう。

おすすめのお酒

ビール
レモンサワー

20分

ビール
ハイボール
おすすめのお酒

10分

03 甘辛味
厚揚げのチーズタッカルビ風
合わせ調味料とチーズがとろ〜っと絡む！

材料（2人分）

厚揚げ…2枚（150g×2）
A しょうゆ・コチュジャン
　　…各大さじ1
　　ごま油…大さじ1/2
　　はちみつ…小さじ1
ピザ用チーズ…適量
粗びき黒こしょう…適量

作り方

1 厚揚げは一口大に切り、耐熱容器に入れる。
2 ボウルに**A**を入れてよく混ぜ合わせ、**1**の全体にかける。
3 **2**にチーズを散らし、ふんわりとラップをして電子レンジで5分加熱する。粗びき黒こしょうをふる。食べるときに全体を混ぜる。

\ Akki's memo /

全体にタレをかけて加熱し、食べるときに全体を混ぜてください。

04 チーズ味

じゃがいもとベーコンのチーズ餃子

餃子が重ならないように大きめのフライパンがおすすめ！

材料（2人分）

じゃがいも…大1個
ベーコン（ハーフサイズ）
　…2〜3枚
A ┃ ピザ用チーズ…30g
　┃ マヨネーズ…大さじ1
　┃ 塩・こしょう…各少々
餃子の皮…10枚
水…30㎖
サラダ油…小さじ2
パセリのみじん切り…適量

作り方

1 じゃがいもは小さめに切り、耐熱容器に入れる。ふんわりとラップをして電子レンジで5分加熱する。熱いうちにつぶす。

2 ベーコンは5㎜幅に切り、1に加える。Aを加えてよく混ぜ合わせる。

3 餃子の皮1枚に2を横長にのせる。皮のふちに水をつけて両端を折りたたんで包み、横長の餃子にする。これを10個作る。

4 フライパンにサラダ油を熱し、3を並べ入れる。水を加えて蓋をし、弱めの中火で水分がなくなるまで焼く。器に盛り、パセリを散らす。

\ Akki's memo /

皮の中央に置いた具を包むように両端を折りたたむだけ！　水をつけてしっかりとめましょう。

おすすめのお酒

ビール
レモンサワー

20分

15分

ビール

おすすめのお酒

05 めんつゆ味

味玉とチーズの巾着焼き

味玉とチーズで食べ応え満点！

材料（2人分）

味つけ卵
（4倍濃縮のめんつゆに
　一晩つけておいたもの）
…3個
油揚げ…1と1/2枚
ピザ用チーズ…適量
サラダ油…大さじ2
しょうゆ…適量

作り方

1 油揚げはペーパータオルでおさえて余分な
油を吸い取り、1枚のものは半分に切る。
油揚げの上で菜箸を転がして口を開き、破
れないように裏返す。

2 1にチーズ、味つけ卵1個を入れて袋の口
を爪楊枝でとめる。これを3個作る。

3 フライパンにサラダ油大さじ1を熱し、2
を入れて焼き色がつくまで焼く。裏返して
残りのサラダ油を加え、焼き色がつくまで
焼く。好みの大きさに切って器に盛り、し
ょうゆにつけていただく。

\ Akki's memo /

油揚げは裏返すことでザク
ザク食感が楽しめます。

06 マヨネーズ味
アスパラガスのチーズ焼き
マヨネーズとチーズのコクがやみつきに!

8分

材料 (2人分)

グリーンアスパラガス…5本
マヨネーズ…適量
粉チーズ…適量

作り方

1 アスパラガスは根元のかたい皮をピーラーでむく。
2 天板にアルミホイルをしき、1を並べる。
3 2にマヨネーズをスプーンで全体に塗り、粉チーズを
　ふってトースターで5分焼く。

ビール
ワイン

おすすめのお酒

おすすめのお酒

07 塩味
焼きカプレーゼ
とろけたチーズをトマトに絡めてどうぞ!

ビール
ワイン

8分

材料 (2人分)

トマト…1個
モッツァレラチーズ…1パック
A　オリーブ油…大さじ1
　　スパイスソルト・粉チーズ
　　　…各適量
パセリのみじん切り…適量

作り方

1 トマトはくし形切りにする。チー
　ズは輪切りにしさらに半分に切る。
2 耐熱容器にトマトとチーズを交互
　に並べる。Aをかけてトースターで
　3〜4分焼き、パセリを散らす。

揚げ物のおかず おつまみ

お酒を飲んでると食べたくなる揚げ物料理。
さまざまなお酒に合う揚げ物おつまみをご紹介します。
お酒と揚げ物を交互に楽しんではいかがですか？

おすすめのお酒

ビール
レモンサワー

30分

01

ケチャップ味

チーズハットグ風コロッケ

チーズは熱いうちに食べるととろ〜り伸びる！

材料（2人分）

じゃがいも…大4個
塩・こしょう…各少々
ストリングチーズ…4本
豚薄切り肉…8枚
A｜小麦粉…適量
　｜溶き卵…1個分
　｜パン粉…適量
揚げ油…適量
トマトケチャップ・マスタード…各適量

作り方

1 じゃがいもは小さめに切って耐熱容器に入れ、
　ふんわりとラップをして電子レンジで5〜6分
　加熱する。
2 ボウルに**1**、塩・こしょうを入れて熱いうちに
　つぶし、粗熱を取る。
3 **2**を4等分にして1つを手のひらに広げ、スト
　リングチーズを1本のせてチーズを隠すように
　包む。これを4個作る。
4 **3**の1個に対して豚肉2枚を均等に巻きつける。
　これを4個作り、**A**を材料欄の順につける。
5 鍋に揚げ油を170℃に熱し、**4**を入れてこんが
　り焼き色がつくまで5〜6分揚げる。油をきっ
　て器に盛り、トマトケチャップ、マスタード
　をかける。

\ *Akki's memo* /

チーズ全体をじゃがいもで
しっかり包むことでチーズ
が流れ出にくくなります。

おすすめのお酒

ビール
ハイボール

02 しょうゆ味
北海道ザンギ
片栗粉と小麦粉で揚げてサクッと感アップ！

45分

材料（2〜3人分）

鶏もも肉…2枚（250g×2）
A しょうゆ…大さじ1と1/2
　 酒…大さじ1
　 おろしにんにく…小さじ2
　 おろししょうが・砂糖…各小さじ1
　 塩・こしょう…各少々
大根…1cm
B めんつゆ・水…各大さじ1
長ねぎ…1/2本
C ごま油…大さじ2
　 レモン汁…小さじ1
　 塩…小さじ1/4
　 こしょう…適量
D ポン酢しょうゆ…大さじ2
　 おろし玉ねぎ…大さじ1
明太子…1/2腹
マヨネーズ…大さじ2
卵…1個
F 片栗粉…大さじ3
　 小麦粉…大さじ2
揚げ油…適量
レモン…1/4個

作り方

1 鶏肉は筋や脂肪を取り除き、一口大に切る。
2 ポリ袋に1、Aを入れてよく揉み込み、冷蔵庫で30分ほどおく。レモンはくし形切りにする。
3 トッピングのタレを作る。大根はすりおろし、Bと混ぜ合わせる（大根おろしつゆ）。長ねぎはみじん切りにし、Cと混ぜ合わせる（ねぎ塩ダレ）。Dを混ぜ合わせる（玉ねぎポン酢）。明太子は皮を取り除き、マヨネーズと混ぜ合わせる（明太マヨ）。
4 2のポリ袋に卵を割り入れて揉み込み、Fを入れてさらに揉み込む。
5 鍋に揚げ油を170℃で熱し、4を入れてきつね色になるまで7〜8分揚げる。油をきって器に盛り、レモンを添える。3の好みのタレをかけていただく。

\ Akki's memo /

鶏肉は揉み込むことで味が染み込みやすくなり、短時間でジューシーに仕上がります。

03

ケチャップ味

なんちゃってチキンナゲット

マヨネーズで下味をつけてうまみとコクをプラスして！

材料（2人分）

鶏むね肉…1枚
A ｜ マヨネーズ…大さじ1
　｜ おろしにんにく・塩
　｜ …各小さじ1/2
小麦粉…30g
揚げ油…適量
トマトケチャップ…適量
粒マスタード…適宜

作り方

1 鶏肉は皮を取り除き、縦半分に切って1cm厚さのそぎ切りにする。

2 ポリ袋に**1**、**A**を入れてよく揉み込む。

3 別のポリ袋に小麦粉を入れて**2**を加え、空気を入れてふり、小麦粉をまんべんなくまぶす。

4 鍋に揚げ油を170℃に熱し、**3**を入れてきつね色になるまで5～6分揚げる。油をきって器に盛り、トマトケチャップ、好みで粒マスタードを添える。

\ *Akki's memo* /

ポリ袋に空気を入れてふることで、鶏肉にムラなく小麦粉をまぶすことができます。

おすすめのお酒

ビール
レモンサワー

15分

一品料理

お酒のおともにぴったりの簡単一品料理をご紹介。
すぐに飲みたいときにささっと作れるものから、しっかりした
味つけで食べられるものまでお酒に合う料理ばかりです。

おすすめのお酒

ビール
レモンサワー

01 しょうゆ味
いももちチーズ
おろしにんにくを加えて深みのある味に！

25分

材料（2人分）

じゃがいも…2個
A | 片栗粉・水…各大さじ2
おろしにんにく
…小さじ1/2
塩…ひとつまみ
スライスチーズ…2枚
しょうゆ…適量
バター…20g
粗びき黒こしょう…適量

作り方

1 じゃがいもは小さめに切って耐熱容器に入れる。ふんわりとラップをして電子レンジで5〜6分加熱する。

2 1を熱いうちにつぶしてAを加え、混ぜ合わせて4等分にする。

3 チーズは2等分に切り、半分に折って正方形にする。

4 2を1個手の平に広げ、中央に3を1枚置いて包み、平たい丸形に成形する。これを4個作る。

5 フライパンに半量のバターを熱し、4を入れて蓋をし、弱めの中火で3分ほど焼く。裏返して蓋をし、さらに3分ほど焼く。

6 残りのバターを加えて両面に絡めたらしょうゆを回し入れて全体に絡める。器に盛り、粗びき黒こしょうをふる。

\ Akki's memo /

チーズが溶け出さないようにじゃがいもでしっかり包みましょう。

日本酒
焼酎

おすすめのお酒

02 明太子味
明太なめたけあんかけ茶碗

お吸い物の素でだしいらず！ あんが絡んでおいしい！

材料（4人分）

卵…2個
冷凍えび…4尾
A 水…360㎖
　お吸い物の素
　　（まつたけ味）…2袋
B 明太子味のなめたけ
　　（または普通のなめたけ）
　　…大さじ2
　水…50㎖
片栗粉…小さじ1
小ねぎ…2本

※普通のなめたけを使う場合、明太子
1/2腹をほぐしてなめたけと合わせる。

作り方

1 冷凍えびは解凍する。
2 ボウルに卵を割り入れ、**A**を加えて泡立てない
　ように混ぜ合わせる。小ねぎは小口切りにする。
3 耐熱茶碗に**1**を1尾ずつ入れて**2**の卵液を流し
　入れる。ふんわりとラップをし、電子レンジに
　均等に並べて10分加熱する（卵がかたまって
　いない場合、1分ずつ追加して加熱する）。
4 耐熱容器に**B**を入れて混ぜ合わせる。ラップを
　せずに電子レンジで30秒加熱する。
5 **4**に片栗粉を加えて混ぜ、ラップをせずに電子
　レンジで15秒加熱する。よく混ぜ、さらに15
　秒加熱する。とろみがついたら**3**にかけて小ね
　ぎを散らす。

Akki's memo

卵液は箸で切るように混ぜ
ます。気泡は爪楊枝で刺し
て割ってもOK！

おすすめのお酒

日本酒
焼酎

03 みそ味
鶏むね肉とわかめのからしみそ和え
つんとした上品な辛味でお酒が進む！

10分

材料（2人分）

鶏むね肉…1枚（250g）
A 酒…大さじ1
　　塩…小さじ1/4
わかめ（刺身用）…50g
B 酢…大さじ1
　　みそ・練りがらし
　　　…各小さじ1

作り方

1 鶏肉は皮を取り除き、耐熱容器に入れてフォークで両面に数か所穴を開ける。

2 Aを加えて全体になじませ、ふんわりとラップをして電子レンジで2分加熱する。裏返して再びふんわりとラップをし、さらに2分加熱する。

3 ボウルに2の半量を入れて食べやすい大きさにほぐす（残りの鶏肉はサラダなどのトッピングとして使ってもよい）。

4 わかめは食べやすい大きさに切り、3に加える。混ぜ合わせたBを加えて全体になじむようによく和える。

Akki's memo

鶏肉をフォークで刺すことで、加熱縮みを最小限におさえてかたくなるのを防ぎます。

04

キムチ味

たことアボカドのキムチ和え

ピリッとしたキムチの辛みが
たことアボカドにマッチ！

材料（2人分）

たこ（刺身用）…150g
アボカド…1個
キムチ…80g
ごま油…大さじ1
白炒りごま…大さじ1

作り方

1 たこは食べやすい大きさに切る。
2 アボカドは種を取り除き、スプーンで一口大
　 にすくってボウルに入れる。
3 ボウルに全ての材料を入れてよく和える。

おすすめのお酒

ビール
日本酒

5分

おすすめのお酒

日本酒
焼酎

5分

05

明太子味

長いもの明太和え

シャキシャキの長いもと明太子の塩味が絶妙！

材料（2人分）

長いも…300g
明太子…1腹
小ねぎ…適量
刻みのり…適量

作り方

1 長いもは縦半分に切り、ポリ袋に入れてめん
　 棒でたたく。
2 明太子は皮を取り除いてほぐす。小ねぎは小
　 口切りにする。
3 ボウルに1、明太子を入れて混ぜ合わせる。器
　 に盛り、小ねぎ、刻みのりを散らす。

副菜

副菜があるだけで食卓も華やかに。
がっつりしたおつまみにさっぱりした副菜を合わせれば、
さらにお酒が進むこと間違いなし！

01

マヨネーズ味

いぶりがっこポテサラ

燻製香とベーコンの塩味がクセになるおいしさ！

15分

おすすめのお酒

ビール
日本酒

材料（2人分）

じゃがいも…3個
いぶりがっこ…70g
ブロックベーコン…70g
A｜ピザ用チーズ…70g
　｜マヨネーズ…大さじ2
　｜オリーブ油…大さじ1
　｜砂糖・酢…各小さじ1
　｜粗びき黒こしょう…適量
粗びき黒こしょう…適量

作り方

1 じゃがいもは小さめに切って耐熱容器に入れる。ふんわりとラップをして電子レンジで5〜6分加熱し、熱いうちにつぶす。

2 いぶりがっこは1.5cm角に切る。

3 ベーコンは1cm幅の拍子木切りにする。1と別の耐熱容器に入れ、ふんわりとラップをして電子レンジで30秒加熱する。

4 1が熱いうちに2、3、Aを加えてよく混ぜ合わせる。器に盛り、粗びき黒こしょうをふる。

＼Akki's memo／

ピザ用チーズはじゃがいもが熱いうちに加えると、溶けて全体に混ざりやすくなります。

ビール
ハイボール

おすすめのお酒

15分

02 ピリ辛味
きのことブロッコリーのペペロン風

しっかり水けをきると味がぼやけずしまる！

材料（2人分）

ブロッコリー…1株
しめじ・まいたけ
　…合わせて200g
酒…大さじ2
A｜オリーブ油…大さじ3
　｜しょうゆ…小さじ2
　｜おろしにんにく…小さじ1
　｜塩…小さじ1/6
鷹の爪（輪切りタイプ）…適量

作り方

1 ブロッコリーは小房に分け、芯は皮をむいて一口大に切る。しめじは石づきを切り落としてほぐす。まいたけはほぐす。
2 ブロッコリー、しめじ、まいたけ、酒をシリコンスチーマーに入れて蓋をし（または大きめの耐熱容器に入れてふんわりとラップをし）、電子レンジで4分加熱する。全体を混ぜ、蓋をしてさらに3分加熱する。
3 余分な水分を捨て、混ぜ合わせたA、鷹の爪を加えて全体をよく混ぜ合わせる。

\ Akki's memo /

電子レンジで加熱し、全体を混ぜてからさらに加熱することで、ムラなく火を通せます。

おすすめのお酒

ビール
レモンサワー

8分

03 マヨネーズ味
水菜とレタスの和風シーザーサラダ
ポン酢しょうゆの酸味がキリッと味を引きしめる！

材料（2人分）

レタス…3〜4枚
水菜…1/2束
トマト…1個
ゆで卵…1〜2個
A｜マヨネーズ…大さじ3
　｜ポン酢しょうゆ
　｜　…大さじ1と1/2
　｜おろしにんにく…小さじ1
粉チーズ…適量

作り方

1 レタスはちぎる。水菜は食べやすい長さに切り、レタスと合わせて水でよく洗い、水けをきる。
2 トマト、ゆで卵は食べやすい大きさに切る。
3 ボウルにAを入れて混ぜ合わせる。
4 器に1、2を盛り、3をかけて粉チーズをふる。

\ Akki's memo /

レタスと水菜はしっかり水けをきることで、味がぼやけずにシャキッと仕上がります。

04 めんつゆ味
ツナと白菜の塩昆布サラダ

白菜は水けをよく絞ると調味料がよくなじんでおいしい！

材料（2人分）

白菜…1/4個
塩…小さじ1
ツナ缶…1缶（70g）
A 塩昆布…ふたつまみ
　 めんつゆ（4倍濃縮）・
　 レモン汁・オリーブ油
　 …各大さじ1と1/2

作り方

1 白菜はざく切りにする。ポリ袋に白菜、塩を入れて揉み込み、15分ほどおく。白菜の水けを絞り、ボウルに入れる。
2 1に汁けをきったツナ、**A**を加えてよく混ぜ合わせる。

Akki's memo

白菜に塩をふって揉み込むことで、しんなりして味がしみ込みやすくなります。

おすすめのお酒

ビール
日本酒

25分

おすすめのお酒

ビール
レモンサワー

8分

05 ナンプラー味
たこのエスニック風サラダ

うまみの濃いたこをきゅうりと一緒にさっぱりと！

材料（2人分）

たこ（刺身用）…100g
玉ねぎ…1/4個
きゅうり…1/2本
A　酢…大さじ1
　　砂糖・レモン汁・ナンプラー
　　　…各大さじ1/2
　　おろしにんにく…少々

作り方

1 たこはぶつ切り、玉ねぎは粗みじん切り、
　きゅうりは1cm角に切る。
2 ボウルにAを入れて混ぜ合わせ、1を加え
　てよく混ぜ合わせる。

\ Akki's memo /

調味料を先に混ぜ合わせて
から具材を加えることで、
満遍なく味つけできます。

06

マヨネーズ味

切り干しかにかまサラダ

切り干し大根とからしマヨネーズがマッチ！

材料（2人分）

切り干し大根…30g
かいわれ大根…1パック
かに風味かまぼこ…6本
A ┃ マヨネーズ…大さじ3
  ┃ 練りからし…小さじ1
粗びき黒こしょう…適宜

作り方

1 切り干し大根は水で洗い、水に20分ほどつけて水けを絞る。かいわれ大根は根元を切り落とし、洗ってペーパータオルで水けを拭き取る。かに風味かまぼこはほぐす。
2 ボウルに1、Aを入れてよく和える。器に盛り、好みで粗びき黒こしょうをふる。

おすすめのお酒
ビール
日本酒

5分
（水で戻す時間は除く）

5分

07

ポン酢味

もずく酢トマトきゅうり

甘酸っぱいもずく酢のさっぱりサラダ！

材料（2人分）

もずく酢…1パック
ミニトマト…6個
きゅうり…1/2本
しょうが…1cm分
ポン酢しょうゆ…大さじ1

作り方

1 ミニトマトは半分に切る。きゅうりはスライサーで薄い輪切り、しょうがは皮ごとせん切りにする。
2 器に全ての材料を入れて混ぜ合わせる。

ビール
日本酒

おすすめのお酒

餃子の皮のおつまみ3選！

餃子の皮でできるアレンジレシピをご紹介。焼いたり、揚げたりと
使い方さまざまにおいしいおつまみが作れるのでぜひお試しください。

おすすめのお酒

**ビール
レモンサワー**

15分

ケチャップ味

タコスピザ

ひき肉と野菜をのせて焼くだけのお手軽ピザ！

材料（2人分）

餃子の皮…約13枚
玉ねぎ…1/4個
ミニトマト…5〜6個
レタス…3枚
合いびき肉…100g
塩・こしょう…各少々
A ┌ トマトケチャップ…大さじ2
　│ チリパウダー…大さじ1/2
　│ コンソメ（顆粒）・
　│　砂糖…各小さじ1
　└ ナツメグ…少々
B ┌ トマトケチャップ・
　└　ピザ用チーズ…各適量
オリーブ油…大さじ2

作り方

1 玉ねぎはみじん切りにする。ミニトマトは
　半分に切る。レタスは1cm幅に切る。

2 フライパンにオリーブ油大さじ1を熱し、
　玉ねぎ、ひき肉を入れて塩・こしょうをふ
　り、ひき肉の色が変わるまで炒めたら**A**を
　加えてよく炒める。

3 別のフライパンで残りのオリーブ油を熱し、
　餃子の皮を底が見えなくなるように並べる。

4 **3**の全面に**2**、ミニトマト、**B**を順にのせ、
　チーズが溶けるまで焼く。器に盛り、レタ
　スをのせる。

チーズ味

えびフライ

25分

パリパリの皮とぷりぷりの
えびの食感がたまらない！

材料（2人分）

餃子の皮…10枚
えび…10尾
スライスチーズ…3と1/3枚
揚げ油…適量
スパイスソルト…適量

作り方

1 えびは殻をむき、背ワタを取り除く。包丁で尻尾の汚れをこすって落とし、腹に切り込みを入れて手でおさえてまっすぐにする。チーズ3枚は3等分に切る。

2 餃子の皮1枚の中央にチーズ1切れ、えびを1尾のせる。餃子のふちに水をつけて両端を折りたたんで包む。これを10個作る。

3 フライパンに揚げ油を熱し、**2**を入れて弱火で両面こんがりとするまで揚げる。油をきってスパイスソルトをふる。

**ビール
ハイボール**

おすすめのお酒

20分

梅味

挟み餃子

肉のうまみと梅じそがやみつきに！

作り方

1 豚肉はキッチンバサミで10等分に切る。梅干しは種を取り除き、刻んでペースト状にする。青じそは横半分に切る。

2 餃子の皮1枚に青じそを1切れをのせて**1**の梅干しを塗る。その上に豚肉1切れをのせて餃子を半分に折りたたむ。これを10個作る。

3 フライパンにごま油を熱し、**2**を並べて弱めの中火で2〜3分焼く。焼き色がついたら裏返して2〜3分焼く。器に盛り、好みで卵黄につけていただく。

材料（2人分）

餃子の皮…10枚
豚バラ薄切り肉…150g
梅干し…2個
青じそ…10枚
ごま油…適量
卵黄…適宜

**ビール
日本酒**

おすすめのお酒

column

こよなく愛するレモンサワーの話

　私は、居酒屋さんで「とりあえずレモンサワーください！」と注文するぐらい、レモンサワーが大好きです。レモンの酸味と炭酸の爽快感がたまらないんですよね〜！　さっぱりとした飲み心地は、どんな料理とも相性がいいんです。

　そんなレモンサワー好きな我が家では、市販のレモンサワーに生レモンをプラスしています。一段と飲みやすくフレッシュ感がアップするので、おすすめですよ！　レモンサワーは、アレンジを加えて見た目や味をおしゃれに楽しめたりもするので女子会の飲みにも最高だと思います。

　生レモンをくし形切りや、輪切りにして冷凍しておくのがおすすめです。氷の代わりにたっぷり入れてもいいですし、何よりすぐに使えてとっても便利です。使用するレモンは、国産レモンでワックスや防腐剤、防カビ剤不使用のものを選ぶようにしています。国産のレモンは、香りもよくレモンの甘みも楽しめますよ。

　我が家では、休日には本格的に自分流のレモンサワーを作ったりして楽しんでいます。材料は国産のレモン適量に、甲類焼酎60㎖、炭酸水90㎖、氷適量が目安。レモンのほかにもキウイやはちみつを加えてもおいしいですよ！さまざまなシーンでレモンサワーを楽しんでみてくださいね！

Part 2

忙しいときに！
時短おつまみ

「○○するだけ」の簡単時短レシピをご紹介。
火を使わずに作れるものから、レンチンだけ、フライパンだけなどの
簡単おつまみが盛りだくさん。
仕事終わりなど忙しい日にもおうちで軽く飲みたい！
という方にぜひ知ってほしいすぐにできる簡単おつまみです。

切ってのせるだけ、混ぜるだけで時短！

時間のないときや、サクッと飲みたいときにすぐにできる時短おつまみをご紹介。
切るだけ、混ぜるだけなので簡単に作れます。

01

`マヨネーズ味`

たらこクリチディップ

濃厚なたらこクリームチーズでおつまみにぴったり！

5分

材料（2人分）

たらこ（または明太子）…1腹
餃子の皮…5枚
クリームチーズ…50g
マヨネーズ…小さじ1
揚げ油…適量

作り方

1 たらこは皮を取り除いてほぐす。餃子の皮を4等分に切る。
2 ボウルにたらこ、チーズ、マヨネーズを入れてよく混ぜ合わせる。
3 フライパンに揚げ油を160℃に熱し、餃子の皮を1枚ずつ入れる。弱めの中火で裏返しながらきつね色になるまで揚げる。油をきって器に盛り、2を添える。

02

`ソース味`

クリチのお好み焼き風

コクのあるチーズとソースが相性抜群！

3分

材料（2人分）

クリームチーズ（個包装タイプ）
　…4個（16g×4）
A｜お好み焼きソース・削り節・
　｜青のり・紅しょうが…各適量

作り方

1 器にチーズを並べ、Aを材料欄の順にのせる。

03

`明太子味`

ちくわの青じそ明太クリチ

ちくわと明太子チーズの間違いない組み合わせ！

5分

材料（2人分）

クリームチーズ…40g
明太子…大さじ2
ちくわ…3本
青じそ…6枚

作り方

1 ボウルにチーズ、明太子を入れてよく混ぜ合わせる。
2 ちくわは縦半分に切る。断面側に青じそ1枚をのせてその上に1をのせ、手前から奥に向かってクルクル巻いて爪楊枝でとめる。これを6個作る。

おすすめのお酒
ビール
レモンサワー
02

01
ビール
ハイボール
おすすめのお酒

03
ビール
日本酒
おすすめのお酒

49

04

しょうゆ味

ねぎ納豆たくあんきつね

たくあんの塩味と食感がよいアクセントに！

材料（2人分）

たくあん…30〜35g
小ねぎ…2本
油揚げ…小2枚

A｜納豆…1パック
　｜練りがらし…2cm
　｜しょうゆ…少々

作り方

1 たくあんは粗く刻む。小ねぎは小口切りにする。
2 ボウルに1、A、納豆の付属のタレを入れてよく混ぜ合わせる。
3 油揚げはペーパータオルでおさえて余分な油を吸い取り、その上で菜箸を転がす。片側の長い側面に切り込みを入れて破れないように口を開く。
4 3に2を入れて平らにならす。
5 フライパンに4を入れて火にかけ、両面2分ずつ焼いて斜め半分に切る。

おすすめのお酒
ビール
日本酒

＼Akki's memo／

包丁の先を少し当てて浅く切り込みを入れるのがポイント！

8分

05

明太子味

納豆明太チーズ

納豆と明太チーズのコクがたまらない！

材料（2人分）

明太子…1腹
納豆…1パック
クリームチーズ（個包装タイプ）…4個（16g×4）
小ねぎ…適量

作り方

1 明太子は皮を取り除いてほぐし、納豆に加えてよく混ぜ合わせる。
2 小ねぎは小口切りにする。
3 器にチーズをのせ、その上に1をのせて2を散らす。

おすすめのお酒
ビール
日本酒

5分

06

塩味

わかめのにんにく塩和え

どんなお酒にも合う簡単和え物！

材料（2人分）

わかめ（刺身用）…100g
A｜おろしにんにく・白炒りごま・ごま油
　｜…各大さじ1
　｜塩…小さじ1/4

作り方

1 わかめは食べやすい大きさに切る。
2 ボウルにAを入れて混ぜ合わせ、1を加えてよく和える。

3分

ビール
日本酒

おすすめのお酒

5分

ビール
ハイボール

おすすめのお酒

07

ピリ辛味

ピリ辛塩昆布キャベツ

かにかまを入れて彩りもアップ！

材料（2人分）

キャベツ…1/4玉
かに風味かまぼこ…5本
塩昆布・食べるラー油…各大さじ1

作り方

1 キャベツは一口大のざく切りにする。かに風味かまぼこはほぐす。
2 ボウルに全ての材料を入れて混ぜ合わせる。

08

しょうゆ味

トマトと生ハムの
にらダレ

トマトと生ハム、にらのコントラストが絶妙！

材料（2人分）

トマト…大1個
にら…2本
A｜酢…大さじ2
　｜しょうゆ・ごま油…各大さじ1
　｜鶏がらスープの素…小さじ1/2
生ハム…10枚

作り方

1 トマトはくし形切り、にらはみじん切りにする。
2 ボウルにA、にらを入れてよく混ぜ合わせる。
3 器にトマト、生ハムを交互に置き、2をかける。

おすすめのお酒
ビール
ハイボール

5分

ビール

おすすめのお酒

3分

09

ポン酢味

ミニトマトとキムチの
ポン酢和え

トマトの酸味とキムチの辛味が合わさって絶品！

材料（2人分）

ミニトマト…10個
キムチ…70g
ポン酢しょうゆ…大さじ1と1/2
ごま油…小さじ1

作り方

1 ミニトマトは半分に切ってボウルに入れる。
2 1に残りの全ての材料を入れてよく和える。

10

チーズ味

のりチーキムチきゅうり

見た目もかわいくて一口サイズで食べやすい！

材料（2人分）

のり…全形1枚
きゅうり…1/3本
スライスチーズ…4枚
キムチ…適量

作り方

1 のりは4等分に切る。きゅうりは縦4等分に切る。

2 のり1枚にチーズ1枚、キムチ、きゅうりを順にのせる。手前から奥に向かってクルクル巻き、爪楊枝を端から1/4のところ2か所に刺してとめる。これを4個作って半分に切る。

おすすめのお酒

ビール
日本酒

5分

11

しょうゆ味

きゅうりのチョレギ風

ポリポリしたきゅうりが止まらないおいしさ！

材料（2人分）

きゅうり…2本
長ねぎ（白い部分）…10cm
A｜しょうゆ・ごま油…各大さじ1
　｜おろしにんにく・酢…各小さじ1/2
糸唐辛子…適宜

作り方

1 長ねぎは白髪ねぎにして水に3分ほどさらす。きゅうりはポリ袋に入れてめん棒でたたく。

2 ボウルにAを入れ、きゅうりを手で割って加える。混ぜ合わせて器に盛り、白髪ねぎ、好みで糸唐辛子をのせる。

5分

ビール
日本酒

おすすめのお酒

5分

ビール
日本酒

おすすめのお酒

12

しょうゆ味

アボカド豆腐のチョレギサラダ

とろっととろける豆腐とアボカドが調味料に絡む!

材料（2人分）

アボカド…1個
絹ごし豆腐…150g
A｜ごま油…大さじ2
　｜酢・しょうゆ…各小さじ2
　｜おろしにんにく・砂糖・
　｜　鶏がらスープの素
　｜　…各小さじ1/2
　｜白炒りごま…適量
韓国のり…3〜4枚

作り方

1 ボウルにAを入れて混ぜ合わせる。
2 アボカドは種を取り除く。アボカドと豆腐をスプーンですくって一口大にし、1に加える。のりをちぎって加え、よく和える。

\ Akki's memo /

アボカドと豆腐はスプーンを使うことで、洗い物も最小限で時短にもなります。

13

みそ味

まぐろとにらのぬた

甘い酢みそがまぐろに絡んで美味！

おすすめのお酒

ビール
日本酒

材料（2人分）

まぐろ（切り落とし）…70g
にら…1/2束
A｜みそ・酢…各大さじ1/2
　｜砂糖…小さじ1

作り方

1 にらは3cm幅に切り、耐熱容器に入れる。ふんわりとラップをして電子レンジで1分ほど加熱し、水にさらして軽く絞る。
2 ボウルにAを入れて混ぜ合わせ、1、まぐろを加えてよく和える。

5分

14

しょうゆ味

さば缶のなめたけおろし

大根おろしでさっぱり！
すぐにできる簡単おつまみ

材料（2人分）

さば缶（水煮）…1缶（140g）
大根…5cm
長ねぎ…適量
なめたけ…大さじ2

作り方

1 大根はすりおろす。長ねぎは小口切りにする。
2 器にさばを盛り、その上に大根おろし、なめたけ、長ねぎの順にのせる。

5分

ビール
日本酒

おすすめのお酒

レンチンだけで時短！

食材を混ぜて電子レンジで加熱するだけ。
その間にほかのおつまみも作れるので、
何品か欲しいときなどに
ぜひ作ってみてください。

5分

ビール
日本酒

おすすめのお酒

01 しょうゆ味
レンチンだし巻き

なめたけ味のふわとろ卵がお酒によく合う！

材料（2人分）

卵…3個
A｜ なめたけ…大さじ1
　｜ 白だし…小さじ2
　｜ 砂糖…小さじ1
　｜ 水…大さじ4
サラダ油…小さじ2
大根…適量
小ねぎ…適量

作り方

1 ボウルに卵を割り入れ、**A**を加えて切るように溶きほぐす。大根はすりおろし、小ねぎは小口切りにする。
2 四角い耐熱容器（156×156㎝）にサラダ油をペーパータオルで全面にのばす。
3 1の卵液を流し入れ、ふんわりと容器の幅の2倍くらいのラップをして電子レンジで2分30秒〜3分加熱する（卵がかたまっていない場合、15秒ずつ追加して加熱する）。
4 3をそのまま裏返してラップを広げ、容器を取る。ラップごと卵焼きを半分に折りたたんで包み、形を整える。粗熱が取れたら4等分に切って器に盛り、大根おろしを汁ごとのせて小ねぎを散らす。

\ Akki's memo /

卵焼きはラップで包んで形を整えたら粗熱が取れるまでおくことで、形がきれいに仕上がります。

おすすめのお酒

ビール
ハイボール

20分

02 塩味 蒸し鶏

しっとりした蒸し鶏はどんな味つけにも合わせやすい！

材料（2人分）

鶏むね肉…1枚（250g）
A｜水…大さじ1
　｜砂糖・サラダ油…各小さじ1
　｜塩…小さじ1/2
焼いたしし唐辛子・
　ゆずこしょう・わさび
　…各適宜

作り方

1 耐熱容器に鶏肉を入れてフォークで両面に数か所穴を開ける。

2 1にAを加えて全体になじませ、5分ほどおく。

3 ふんわりとラップをして電子レンジで4分加熱する。裏返して再びふんわりとラップをし、2分加熱して粗熱を取る。

4 薄くそぎ切りにして器に盛り、好みでしし唐辛子を添え、ゆずこしょう、わさびにつけていただく。

※電子レンジの加熱時間は鶏肉1枚250gを目安にしています。グラムの多少の前後で加熱時間が変わってくるので、火が通っているか確認しましょう。

\ Akki's memo /

鶏肉を加熱した後に出たうまみたっぷりの汁は捨てずに鶏肉にかけることで、パサつきを防ぐことができます。

15分

ビール
ハイボール

おすすめのお酒

03 しょうゆ味

ひき肉のチャプチェ

耐熱容器に材料を入れてレンチンで簡単！

材料（2人分）

豚ひき肉…100g
にんじん…1/3本
にら…1/3束
春雨…40g
A　水…130㎖
　　しょうゆ…大さじ2
　　砂糖…大さじ1と1/2
　　おろししょうが・
　　鶏がらスープの素・
　　　ごま油…各小さじ1
　　おろしにんにく…小さじ1/2
水溶き片栗粉
　…片栗粉小さじ1＋水大さじ2

作り方

1 にんじんは細切り、にらは5㎝長さに切る。
　春雨は長いタイプのものは切り、水にくぐ
　らせて水けをきる。

2 耐熱容器に1、A、ひき肉を加えて軽く混
　ぜる。

3 ふんわりとラップをして電子レンジで6分
　加熱する。熱いうちに水溶き片栗粉を加え、
　よく混ぜ合わせる。

\ Akki's memo /

水溶き片栗粉は冷めた状態
で加えるととろみがつかな
いので、熱いうちに加えま
しょう。

04 キムチ味

レタスの豚バラキムチ

みずみずしいレタスと
キムチと豚肉がたまらない！

おすすめのお酒
ビール
ハイボール

材料（2人分）

豚バラ肉…6枚
レタス…6枚

キムチ…50g
A｜しょうゆ・ごま油
　｜…各大さじ1

作り方

1 レタスは細長くちぎってからクルクルと巻く。これを6個作る。
2 1を1個ずつ豚肉1枚で巻く。少し深めの耐熱皿に並べてふんわりとラップをし、電子レンジで5分加熱する。
3 キムチは細かく刻む。ボウルにキムチ、Aを入れて混ぜ、2にのせる。

\ Akki's memo /

豚肉でレタスを巻くときは、隙間ができないように端からきつく巻きましょう。

10分

おすすめのお酒
ビール
日本酒

5分

05 めんつゆ味

厚揚げの揚げ出し風

揚げ玉を入れてザクザク食感をプラス！

材料（2人分）

厚揚げ…2枚（150g×2）
大根…5cm
A｜塩昆布…2〜3つまみ
　｜揚げ玉…大さじ2
　｜おろししょうが…適量

長ねぎ…適量
めんつゆ（4倍濃縮）
　…少々

作り方

1 耐熱皿に厚揚げを2枚のせ、ラップをせずに電子レンジで3分（1枚なら2分）加熱する。大根はすりおろし、長ねぎは小口切りにする。
2 厚揚げに大根おろし、Aを材料欄の順にのせ、長ねぎを散らしてめんつゆをかける。

\ Akki's memo /

厚揚げはラップをせずに電子レンジで加熱することで、水分を逃してカラッと仕上がります。

59

06

めんつゆ味

まるごとピーマンのおひたし

ピーマンは切らずに丸ごとレンチンで簡単!

材料（2人分）

ピーマン…3個
酒…大さじ1
A | めんつゆ…適量
　 | 削り節…適量

作り方

1 耐熱容器にピーマン、酒を入れてふんわりと
　ラップをし、電子レンジで3分30秒加熱する。
2 器に1を盛り、Aをかける。

ビール
日本酒

おすすめのお酒

5分

おすすめのお酒

ビール
日本酒

07

みそ味

みそなすの青じそのっけ

甘辛いタレがあとを引くおいしさ!

材料（2人分）

なす…2本
A | みそ…大さじ2
　 | 白炒りごま…大さじ1
　 | ごま油…大さじ1/2
　 | 酒・はちみつ（または砂糖）…各小さじ1
青じそ…適量

作り方

1 なすは縦半分に切り、青じそはせん切りにする。
2 なすを耐熱皿にのせて混ぜ合わせたAを断面
　に塗る。
3 ふんわりとラップをして電子レンジで6分加熱
　する。器に盛り、青じそをのせる。

10分

08

塩味

無限豆苗

豆苗がシャキシャキで無限に食べられる！

材料（2人分）

豆苗…1袋
かに風味かまぼこ…6本
A｜わかめスープの素…1袋
　｜白すりごま・ごま油…各大さじ1

作り方

1 豆苗は根元を切り落とし、半分の長さに切って耐熱容器に入れる。ふんわりとラップをし、電子レンジで1分加熱する。
2 1にかに風味かまぼこをほぐして加え、Aを加えてよく和える。

おすすめのお酒

ビール

5分

おすすめのお酒

ビール

5分

09

しょうゆ味

おつまみにらもやし

調味料がなじんだしっかり味つけ！

材料（2人分）

もやし…1袋
にら…1/2束
A｜白すりごま・しょうゆ・酢・ごま油…各大さじ1
　｜砂糖・鶏がらスープの素…各小さじ1

作り方

1 にらは5cm長さに切り、もやしと合わせて耐熱容器に入れる。ふんわりとラップをし、電子レンジで3分加熱する。
2 1の水けをきり、Aを加えてよく和える。

トースターで焼くだけで時短！

チーズレシピにぴったり！　トースターで焼くだけで簡単に、香ばしく焼き色のついたおつまみの完成です。

01

ケチャップ味

たこ焼きピザ

普段のたこ焼きをピザ風にアレンジ！

材料（2人分）

冷凍たこ焼き…15個
ピーマン…1個
A | トマトケチャップ・マヨネーズ・
ピザ用チーズ…各適量

作り方

1 耐熱容器にたこ焼きをのせて袋の表示通り
電子レンジで解凍する。

2 ピーマンは輪切りにする。

3 1に2をのせ、**A**を材料欄の順にかける。
トースターでチーズが溶けるまで加熱する。

おすすめのお酒

ビール
レモンサワー

10分

ビール
日本酒

おすすめのお酒

8分

02 マヨネーズ味

はんぺんのねぎからしマヨ焼き

つんと香るからしの風味とマヨネーズのコクが美味!

材料（2人分）

はんぺん（大判タイプ）…1枚
スライスチーズ…1枚
小ねぎ…3本
A｜マヨネーズ…大さじ2
　｜練りがらし…小さじ1

作り方

1 はんぺんは4等分に切り、半分の厚さに切り込みを入れる。

2 チーズは4等分に切り、1の切り込みの間に1枚ずつ入れる。

3 小ねぎは小口切りにしてボウルに入れ、Aを加えて混ぜ合わせる。

4 天板にアルミホイルをしき、2をのせて3を塗る。トースター（または魚焼きグリル）でこんがり焼き色がつくまで焼く。

03 チーズ味

ピーマンのギョニソマヨチー焼き

粗びき黒こしょうがよいアクセントに！

材料（2人分）

ピーマン…2個
魚肉ソーセージ…1本
ピザ用チーズ…適量
A │ マヨネーズ・
　　│ 粗びき黒こしょう
　　│ …各適量

作り方

1 ピーマンは半分に切り、種とワタを取り除く。魚肉ソーセージは半分の長さに切り、縦半分に切る。
2 天板にアルミホイルをしき、ピーマンをのせてチーズ、魚肉ソーセージ、**A**を順にのせる。トースターで3分加熱する。

\ Akki's memo /

魚肉ソーセージなどをのせるので、少し大きめのピーマンを使うのがおすすめです。

6分

ビール
レモンサワー

おすすめのお酒

おすすめのお酒

ビール
ハイボール

5
分

04 甘辛味
そのまんま焼き鳥缶チーズタッカルビ風
焼き鳥缶に具材を入れて焼くだけですぐにできる！

材料（2人分）

焼き鳥缶…1缶（75g）
A｜コチュジャン…小さじ1
　｜おろしにんにく…小さじ1/2
ピザ用チーズ…適量
一味唐辛子…適量

作り方

1 焼き鳥缶に**A**を入れて混ぜ合わせる。
2 チーズをのせてトースターで3分加熱し、一味唐辛子をふる。

\ Akki's memo /

大きめの焼き鳥はほぐしながら全体に調味料を絡めましょう。

05

ケチャップ味

油揚げドッグ

巻き終わりを下にして焼くのがポイント！

材料（2人分）

油揚げ…小2枚
スライスチーズ…2枚
ウインナー…4本
A｜トマトケチャップ・
　｜マスタード…各適量

作り方

1 油揚げはペーパータオルでおさえて余分な油を吸い取り、半分の厚さに切る。

2 1の表側にチーズを半分に切ってのせ、ウインナー1本をのせる。手前から奥に向かってクルクル巻く。これを4個作る。

3 天板にアルミホイルをしき、2をのせてトースターで3分焼く。ウインナーに竹串を刺して器に盛り、Aを材料欄の順にかける。

＼ Akki's memo ／

油揚げは裏返して焼くことで、ザクザクした食感になります。

6分

ビール
レモンサワー

おすすめのお酒

おすすめのお酒

ビール
日本酒

5分

06 チーズ味
ちくわの赤しそチーズ焼き

チーズのうまみと赤しそふりかけの塩味でお酒が進む!

材料(2人分)

ちくわ…3本
A｜粉チーズ・
　｜赤しそふりかけ…各適量

作り方

1 ちくわは半分の長さに切り、縦半分に切る。
2 天板にアルミホイルをしき、1をのせてA
　をかける。トースターで2〜3分焼く。

\ Akki's memo /

粉チーズが少しこんがりす
るくらいまで焼くと、香ば
しくておいしく仕上がりま
す。

フライパンで焼く、炒めるだけで時短！

フライパンにのせて焼くだけのものや、炒めて簡単にできる時短おつまみをご紹介。
おいしくてやみつきになるおつまみばかりです。

01 　ソース味

お好み焼き風目玉焼き

いつもの目玉焼きがお好み焼きに変身！

材料（2人分）

卵…2個
A お好み焼きソース・マヨネーズ・
削り節・青のり・紅しょうが
…各適量
サラダ油…大さじ1

作り方

1 フライパンにサラダ油を熱し、卵をそっと
割り入れて白身がかたまるまで1分ほど焼
く。
2 軽く黄身をつぶして白身の上に広げる。半
分に折りたたみ、両面をさっと焼く。
3 器に盛り、**A**を材料欄の順にかける。

おすすめのお酒

ビール
レモンサワー

5分

おすすめのお酒

ビール
日本酒

10分

8分

ビール
日本酒

おすすめのお酒

02

甘辛味

コチュジャンごまみそ田楽

甘辛いタレと厚揚げを一緒に！

材料（2人分）

厚揚げ…2枚（150g×2）
A ┌ コチュジャン・みそ・みりん…各大さじ1/2
　　├ 白すりごま…小さじ1
　　└ 砂糖・しょうゆ・ごま油…各小さじ1/2
サラダ油…小さじ2
小ねぎ…適量

作り方

1 厚揚げは4等分に切る。小ねぎは小口切りにする。
2 フライパンにサラダ油をしき、厚揚げを入れて全面こんがり焼き色がつくまで焼く。
3 ボウルに**A**を入れて混ぜ合わせる。ふんわりとラップをして電子レンジで30秒加熱する。
4 器に**2**を盛り、**3**をかけて小ねぎを散らす。

03

塩味

まいたけベーコン巻き

ベーコンの香ばしさとまいたけの食感を楽しんで！

材料（2人分）

まいたけ…100g
ベーコン（ハーフサイズ）…4枚
塩・こしょう…各少々
サラダ油…小さじ1

作り方

1 まいたけはほぐす。
2 ベーコン1枚に1/4量のまいたけをのせて塩・こしょうをふる。手前から奥に向かってクルクル巻いて爪楊枝でとめる。これを4個作る。
3 フライパンにサラダ油を熱し、**2**を入れて全体を2〜3分焼く。

15分

ビール
レモンサワー

おすすめのお酒

04 チーズ味

ハッシュドブロッコリー

焼くときは軽くおさえて形を整えると崩れにくい！

材料（2人分）

ブロッコリー…1/2株
ブロックベーコン…50g
A ピザ用チーズ…50g
片栗粉…大さじ2
オリーブ油…大さじ1
粗びき黒こしょう…適量
トマトケチャップ…適宜

作り方

1 ブロッコリーは小房に分け、ゆでて細かく
刻む。ベーコンは拍子木切りにする。

2 ボウルに**1**、**A**を入れて混ぜ合わせる。

3 フライパンにオリーブ油を熱し、**2**を入れ
てフライ返しでおさえ、形を整える。弱め
の中火で両面焼き色がつくまで焼く。器に
盛り、粗びき黒こしょうをふる。好みでト
マトケチャップにつけていただく。

＼ *Akki's memo* ／

ブロッコリーは細かく刻む
ことで、ほかの食材となじ
んでくっつきやすくなりま
す。

05

ピリ辛味

穂先メンマの豚肉炒め

ピリ辛い味つけでお酒との相性抜群！

材料（2人分）

豚しゃぶしゃぶ肉…200g
穂先メンマ…1袋（80g）
鷹の爪（輪切りタイプ）…適量
粗びき黒こしょう…適量
サラダ油…小さじ1

作り方

1 フライパンにサラダ油を熱し、豚肉を入れて色が変わるまで炒める。
2 メンマ、鷹の爪を加えてさっと炒めたら粗びき黒こしょうを加えて軽く炒める。

おすすめのお酒

ビール
ハイボール

5分

おすすめのお酒

ビール
レモンサワー

5分

06

甘辛味

厚揚げヤンニョム

酸味のあるケチャップとみそで濃厚に！

材料（2人分）

厚揚げ…2枚（150g×2）
A｜コチュジャン…大さじ1
　｜しょうゆ・みりん・トマトケチャップ
　｜　…各大さじ1/2
　｜白炒りごま…小さじ1
　｜おろしにんにく…小さじ1/2

作り方

1 厚揚げは一口大に切る。
2 フライパンを熱し、1を入れて全面に焼き色がつくまで焼く。
3 混ぜ合わせたAを加えて全体に絡める。

サクッと揚げるだけで時短！

揚げ物は食べたいけど家で作るのは時間がかかる…という方も簡単に作れるおつまみをご紹介。
今日からすぐに作りたくなる揚げ物レシピがたくさんあるのでぜひ試してみてください。

01　ソース味
ギョニソ串カツ

ソーセージの肉汁がじゅわ～とあふれ出る！

材料（2人分）

魚肉ソーセージ…2本
長ねぎ…1/2本
小麦粉…適量
A｜小麦粉・水…各大さじ3
パン粉…30g
揚げ油…適量
ウスターソース・
　練りがらし…各適量

作り方

1 魚肉ソーセージ、長ねぎは2.5cm長さに切る。

2 竹串に**1**を交互に刺す。これを4本作り、全面に小麦粉をまぶす。

3 ボウルに**A**を入れて混ぜ合わせ、**2**をつけて全面に絡め、パン粉をつける。

4 フライパンに揚げ油を底から2cm高さに入れて熱し、**3**を入れて弱火で焼き色がつくまで揚げ焼きにする。油をきって器に盛り、ウスターソースをかけて練りがらしを添える。

おすすめのお酒

ビール
レモンサワー

10分

02 ソース味
卵カツ

外はサクッと、中は黄身がとろ～り！

材料（2人分）

卵…2個
パン粉…60g
揚げ油…適量
お好み焼きソース…適量
キャベツ・ミニトマト…各適量

作り方

1 クッキングシートを15cmの正方形に切って器にのせる。クッキングシートの上にパン粉をのせ、その上に卵を割る。さらに卵の上にパン粉をかける。これを2個作る。

2 フライパンに揚げ油を160℃に熱し、1をクッキングシートごと入れる。キャベツはせん切りにする。

3 きつね色になったらクッキングシートを外して裏返し、1分ほど揚げる。油をきって器に盛り、お好み焼きソースをかけてキャベツ、ミニトマトを添える。

03 チーズ味

ハムカツ

衣がサクッと、中からチーズがとろ～り

材料（2人分）

ロースハム…8枚
スライスチーズ…2枚
A 小麦粉…大さじ3
　水…大さじ2と1/2
パン粉…大さじ4
揚げ油…適量

作り方

1 ハム2枚を重ねてスライスチーズ1枚をのせ、ハムからはみ出ないようにチーズの角を折りたたむ。その上にハム2枚をのせて上からおさえる。これを2個作る。

2 ボウルにAを入れて混ぜ合わせ、1をつけて全面に絡め、パン粉をつける。

3 鍋に揚げ油を170℃に熱し、2を入れて両面こんがり焼き色がつくまで揚げ、油をきって半分に切る。

\ Akki's memo /

ハムの大きさに合わせてチーズを折りたたみ、衣を全体につけるとチーズが流れ出さずにきれいに揚げられます。

おすすめのお酒

ビール
ハイボール

8分

おすすめのお酒

ビール
ハイボール

8分

04 チーズ味
青じそとなめたけのチーズワンタン揚げ
ワンタンは焦げやすいので、揚げるときに注意して！

材料（2人分）

青じそ…5枚
ワンタンの皮…10枚
なめたけ…50g
ピザ用チーズ…40g
揚げ油…適量

作り方

1 青じそは縦半分に切る。
2 ワンタンの皮1枚に**1**を1枚、10等分にしたなめたけ、チーズを順にのせる。ワンタンの皮のふちに水をつけて三角に折って包む。これを10個作る。
3 フライパンに少量の揚げ油を160℃に熱し、**2**を入れて両面きつね色になるまで揚げる。

\ *Akki's memo* /

皮から具がはみ出ると油はねの危険があるので、皮同士は水でしっかりとめましょう。

納豆のおつまみ3選!

そのままでおいしい納豆ですが、ほかの食材と合わせてお酒に合う一品が簡単に作れます。
和風や中華など、お酒に合わせて作ってみてください。

明太子味
納豆明太だし巻き卵
塩昆布の塩味がよいアクセントに!

材料（2人分）

納豆…1パック
明太子…1腹
卵…3個
A｜塩昆布…ふたつまみ
　｜水…大さじ3
　｜白だし…小さじ2
　｜砂糖…小さじ1
サラダ油…適量

作り方

1 納豆と付属のタレを混ぜ合わせる。明太子は皮を取り除いてほぐす。

2 ボウルに卵を割り入れ、納豆、**A**を加えてよく混ぜる。

3 卵焼き器にサラダ油を熱し、**2**の卵液1/3量を流し入れる。全体を混ぜたら奥に明太子をのせ、卵を奥から手前に巻く。

4 **3**に卵液1/3量を加えて同様に奥から手前に巻き、残りの卵液を加えて同様に巻く。好みの大きさに切る。

おすすめのお酒
ビール
日本酒

10分

5
分

しょうゆ味

ごはんにのせてもおいしいやつ

そのまま食べても、ごはんにのせて混ぜて食べても！

材料（2人分）

納豆…1パック
ツナ缶…1缶（70g）
たくあん…3切れ
小ねぎ…適量
めかぶ…1パック（40〜50g）
温泉卵…1個
しょうゆ（またはめんつゆ）…適量

作り方

1 納豆と付属のタレを混ぜ合わせる。ツナは汁けをきる。たくあんはみじん切り、小ねぎは小口切りにする。

2 器にツナ、納豆、たくあん、めかぶを盛り、中央に温泉卵をのせて小ねぎを散らす。しょうゆをかけていただく。

ビール
日本酒

おすすめのお酒

しょうゆ味

納豆とえのきとメンマの 中華風和え

納豆の粘りとコリコリメンマが新食感！

おすすめのお酒

ビール
ハイボール

材料（2人分）

納豆…1パック
えのきだけ…50g
メンマ…70g
しょうゆ…小さじ1
小ねぎ…適量
ラー油…適宜

作り方

1 えのきだけは石づきを切り落とし、半分に切る。ほぐして耐熱容器に入れ、ふんわりとラップをして電子レンジで1分30秒加熱する。

2 納豆と付属のタレを混ぜ合わせる。小ねぎは小口切りにする。

3 1にメンマ、納豆を加えてよく混ぜ、しょうゆを加えてよく混ぜ合わせる。器に盛り、小ねぎを散らして好みでラー油をかける。

5
分

毎日の晩酌を楽しむための
買い物のこと

　毎日の晩酌が欠かせない私が必ず常備するのは、価格が安定している長いもやちくわ、かに風味かまぼこなど、そのまま食べても、アレンジして料理に使ってもおいしい食材です。さまざまな料理に使えるおつまみ食材は、飽きずにおいしく食べられるのがいいですよね！

　刺身はそのままで食べるのはもちろん、漬けやマリネ、ほかの食材と和えたりするので、買う頻度が高いです。アレンジがきく食材を多めに買い物しておくと、無駄なく使いきることができるのも嬉しいところ。

　そして、我が家には欠かせない食材のひとつに缶詰があります。安いときに買いだめしておくと、非常食としてもおつまみとしても重宝します。缶詰をおつまみにするメリットは、なんといっても時短で手軽なところ。飲むお酒によって合わせる缶詰を選ぶと、より楽しみが広がりますよ。

　忙しくて買い物に行けない日などに「ストック缶詰」を常備しておけば、「あと1品欲しいな〜」というときにも対応できますし、アレンジしてお酒のおつまみのクオリティを上げるだけで、家飲みの満足度はかなりUPします。お店で食べるようなおつまみを家で簡単に作れるので、とっても楽しい時間になると思います！

Part 3

時間がある週末に！
本格おうち居酒屋

居酒屋に行かなくても、おうちで作れる本格的なおつまみレシピをご紹介。
お品書きにその日のメニューをリストアップしているので
そのまま作れば居酒屋メニューが再現！
単品で作るのも、Time Tableを見ながら同時に作るのもおすすめです。
おいしくてお酒が進む居酒屋おつまみをおうちでどうぞ！

Time Tableは
下記をご参照ください。
〆＝メイン料理
❶＝一品料理❶
❷＝一品料理❷
❸＝一品料理❸

Day 1

夫婦でまったり♪

ピリ辛つくねメインの
おつまみ献立

35分

ゆっくり飲みたいときにちょこちょこつまめるレシピをご紹介。まったり飲みながらもしっかりした味つけでお酒が進むおつまみです。

おすすめのお酒

ビール
レモンサワー
ハイボール
日本酒

本日のおしながき

メインの一品

20分

ビール
レモンサワー
おすすめのお酒

ピリ辛味

ピリ辛つくね

ピリ辛ダレでお酒が進む！

材料（3〜4人分）

鶏ひき肉（もも肉とむね肉の合いびき）…400g
長ねぎ…1/2本
A｜ 酒・片栗粉…各大さじ1
　｜ 塩…小さじ1/4
B｜ 砂糖・コチュジャン…各大さじ1
　｜ 酢・しょうゆ・酒…各小さじ1
サラダ油…大さじ1
卵黄…1個分

作り方

1 長ねぎはみじん切りにする。
2 ボウルに1、ひき肉、Aを入れてよく練り混ぜ、6〜8等分にする。
3 手に水をつけて2を小判形に成形する。これを6〜8個作る。
4 フライパンにサラダ油を熱し、肉だねを入れて3分ほど焼く。裏返して蓋をし、さらに3分ほど焼く。
5 ペーパータオルで余分な脂を拭き取り、混ぜ合わせたBを加えて絡める。1本ずつ竹串に刺し、器に盛って卵黄を添える。

一品料理❶

ビール
日本酒

5分

梅味

小松菜の梅納豆和え

梅と納豆の組み合わせがたまらない！

材料（2人分）

小松菜…4束
梅干し…1個
納豆…1パック

作り方

1 小松菜は根元を切り落とし、耐熱容器に入れてふんわりとラップをし、電子レンジで2分加熱する。冷水にとり、水分を絞って食べやすい長さに切る。
2 梅干しは種を取り除き、刻んでペースト状にする。
3 納豆と付属のタレを混ぜ合わせる。
4 ボウルに全ての材料を入れて混ぜ合わせる。

Time Table **0min** ──────────→ **15min** ──────

〈下準備〉
✖ 長ねぎを切る。
✖ ボウルに長ねぎ、肉だねの材料を入れて混ぜ合わせ、冷蔵庫に入れる。

❶ 小松菜を加熱して切る。
❶ 梅干しをペースト状にする。
❷ アボカドを切る。
❸ 厚揚げを切って片栗粉をまぶす。

〈和える〉
❶ 小松菜の梅納豆和えの材料を和える。
❷ たらことマヨネーズを和える。
❸ ゆで卵とツナを和える。

〈成形する〉
✖ つくねを小判形に成形する。

10分

15分

ビール
レモンサワー

おすすめのお酒

マヨネーズ味

アボカドの
たらマヨ焼き

たらこの塩味とマヨネーズのコクが
アボカドとマッチ！

材料（2人分）

アボカド…1個
たらこ（または明太子）…1腹
マヨネーズ…大さじ2
刻みのり…適量

作り方

1 アボカドは縦半分に切って種を取り除き、皮
　は残しておく。

2 たらこは皮を取り除いてほぐし、ボウルに入
　れる。マヨネーズを加えて混ぜ合わせる。

3 天板にアルミホイルをしき、1をのせる。2を
　半量ずつボカドのくぼみに入れる。

4 トースターで焼き色がつくまで5〜6分焼く。
　器にのせて刻みのりを散らす。

マヨネーズ味

厚揚げのツナ玉

甘みのあるボリュームおつまみ！

材料（2人分）

厚揚げ…1/2枚
片栗粉…適量
A ┃ しょうゆ・みりん…各小さじ2
　　　砂糖・酢…各小さじ1
ゆで卵…1個
ツナ缶…1缶（70g）
マヨネーズ…大さじ2
ごま油…大さじ1
小ねぎ…適宜

作り方

1 厚揚げは半分の厚さに切り、さらに4等分に切
　って全面に片栗粉をまぶす。小ねぎは小口切
　りにする。

2 フライパンにごま油を熱し、厚揚げを入れて
　焼き色がつくまで焼き、混ぜ合わせた**A**を加え
　て絡める。

3 ボウルにゆで卵を入れてフォークでつぶす。
　ツナは汁けをきって加え、マヨネーズを加え
　てよく混ぜ合わせる。

4 器に2を盛り、3をかけて小ねぎを散らす。

→ **20min** ————————→ **25min** ————————→ **30min** ————————→ **35min**

〈トースターに入れる〉
❷アボカドにたらこマヨ
　ネーズをのせて焼く。

〈焼く〉
❷つくねを焼く。
❸厚揚げを焼く。

〈仕上げる〉
❷つくねにタレを絡める。
❸厚揚げのツナ玉にタレを絡
　める。

完成！

45分

Day 2

とん平焼き、揚げ物で こってり居酒屋

揚げ物や炒め物、とん平焼きなど
がっつり居酒屋飯をご紹介。
濃いめの味つけでお酒が
止まらなくなること間違いなしです。

おすすめのお酒

**ビール
レモンサワー
焼酎
日本酒
ワイン**

本日のおしながき

とん平焼き →
P85

シーザーサラダ →
P86

鶏なんこつのから揚げ →
P86

ちくわのチーズ磯辺揚げ →
P87

きのことベビーほたてのバターしょうゆ炒め →
P87

メインの一品

10分

ビール
おすすめのお酒

ソース味

とん平焼き

ビールが止まらない居酒屋飯！

材料（2人分）

キャベツ…1/4玉	サラダ油…大さじ1
豚バラ肉…100g	**A** お好み焼きソース・
卵…2個	マヨネーズ・削り節・
水溶き片栗粉	青のり…各適量
…片栗粉小さじ1/2＋	紅しょうが…適量
水小さじ1	
塩・こしょう…各少々	

作り方

1 キャベツはせん切りにする。豚肉は食べやすい大きさに切る。
2 ボウルに卵を割り入れて溶きほぐし、水溶き片栗粉を加えてよく混ぜる。
3 フライパンに豚肉を入れて色が変わるまで炒める。キャベツを加えて塩・こしょうをふり、しんなりするまで炒めてバットに広げておく。
4 フライパンにサラダ油を熱し、**3**を入れて軽く混ぜ、半熟になったら卵の半面に**2**をのせて折りたたむ。
5 器に**4**を盛り、**A**を材料欄の順にかけて紅しょうがをのせる。

85

一品料理❶

おすすめのお酒
ビール
ワイン

8分

マヨネーズ味

シーザーサラダ

カリカリベーコンとさっぱりしたサラダがよく合う！

材料（2人分）

レタス…1/4個
かいわれ大根…1パック
トマト…1個
ベーコン（ハーフサイズ）…4枚
A｜マヨネーズ…大さじ2
　｜牛乳・粉チーズ・オリーブ油…各大さじ1
　｜酢…小さじ2
　｜おろしにんにく…小さじ1/2
　｜塩・こしょう…各少々
オリーブ油…大さじ1

作り方

1 レタスは食べやすい大きさにちぎる。かいわれ大根は根元を切り落とし、レタスと合わせて水けをきる。
2 トマトは食べやすい大きさに切る。ベーコンは短冊切りにする。
3 フライパンにオリーブ油を熱し、ベーコンを入れてカリカリになるまで炒める。Aは混ぜ合わせておく。
4 器に1、トマト、ベーコンを盛り、Aをかける。

一品料理❷

おすすめのお酒
ビール
レモンサワー

30分

しょうゆ味

鶏なんこつのから揚げ

にんにくじょうゆがきいてお酒が止まらない！

材料（2人分）

鶏なんこつ…200g
A｜しょうゆ・酒…各大さじ1
　｜おろしにんにく・塩・こしょう…各少々
片栗粉…大さじ2
揚げ油…適量
レモン…適量

作り方

1 鶏なんこつはペーパータオルで余分な脂を拭き取る。
2 ポリ袋に1、Aを入れてよく揉み込み、冷蔵庫で15分ほど置く。レモンはくし形切りにする。
3 ポリ袋に片栗粉、鶏なんこつを入れる。空気を入れてふり、全体に片栗粉をまぶす。
4 フライパンに揚げ油を170℃に熱し、3を入れて菜箸で混ぜながらカリカリになるまで揚げる。油をきって器に盛り、レモンを添える。

Time Table **0**min ────────────→ **15**min

〈下準備〉
❌❶❹豚肉、野菜、ベーコン、きのこを切る。
❷鶏なんこつに下味をつけ、冷蔵庫に入れる。
❸チーズとちくわを切り、ちくわにチーズを挟んで切る。

〈溶く〉
❌卵を溶く。
〈和える〉
❶シーザーサラダのドレッシングを混ぜ合わせる。
❸てんぷら粉と水、青のりを混ぜてちくわチーズを和える。

一品料理❸

おすすめのお酒

ビール
日本酒

チーズ味

ちくわのチーズ磯辺揚げ

とろけるチーズと青のりの風味がクセになる!

材料（2人分）

ちくわ…2本
スライスチーズ…1枚
A | てんぷら粉・水…各大さじ3
青のり…小さじ1
揚げ油…適量

作り方

1 チーズは半分に切り、縦長に折りたたむ。
2 ちくわは縦に切り込みを入れ、1を1つ分切り込みに入れる。これを2個作り、斜め半分に切る。
3 ボウルに**A**を入れて混ぜ合わせ、青のりを加えて混ぜる。2を加えて絡める。
4 フライパンに揚げ油を170℃に熱し、3を入れてこんがり焼き色がつくまで揚げる。

おすすめのお酒

日本酒
焼酎

一品料理❹

しょうゆ味

きのことベビーほたての バターしょうゆ炒め

きのことほたてのうまみが
バターしょうゆと相性抜群!

材料（2人分）

生しいたけ…3枚
しめじ・まいたけ…合わせて100g
ベビーほたて（ボイル）…150g
だししょうゆ…小さじ2
バター…10g
小ねぎ…適量

作り方

1 しめじ、まいたけは石づきを切り落としてほぐし、しいたけは半分に切る。小ねぎは小口切りにする。
2 フライパンにバターを熱し、1のきのこを入れて水けが飛ぶまで炒める。
3 ほたてを加えてきのこに火が通るまで炒める。器に盛り、だししょうゆを回しかけて小ねぎを散らす。

→ **20min** ────────────→ **40min** ─────────→ **45min**

〈火にかける〉
✕とん平焼きの具材を炒める。
❶ベーコンを炒める。
❷❸鶏なんこつとちくわを揚げる。
❹きのことほたてを炒める。

〈仕上げる〉
✕卵を火にかけ、とん平焼きの具材をのせて包む。
❶シーザーサラダにドレッシングをかける。
❷きのことほたてに味つけをする。

完成!

家族みんなで楽しめる 居酒屋おつまみ

週末に家族で飲みながら食べたい居酒屋おつまみです。時間をかけて作るおつまみから、和えるだけの簡単おつまみまで幅広くご紹介。

おすすめのお酒

ビール
レモンサワー
ワイン
日本酒

本日のおしながき

すじこん煮込み→P90

コンビーフとじゃがいものガレット→P90

アボカドのねばねば和え→P91

キャベツのメンマ和え→P91

Day 3　メインの一品

おすすめのお酒
ビール
日本酒

100分

みそ味

すじこん煮込み
しっかり煮込んで味が染み染み！

材料（2人分）

牛すじ肉…300〜400g
こんにゃく（アク抜き済み）…1枚（250g）
しょうが…1かけ
A｜水…100㎖
　｜酒…50㎖
　｜砂糖・しょうゆ・みりん…各大さじ3
みそ…大さじ2

作り方

1 鍋にたっぷりの水（分量外）、牛肉を入れて強火にかける。沸騰したら中火にし、アクを取り除いて5分ほど煮る。ザルにあげて水で洗い、食べやすい大きさに切る。
2 こんにゃくは食べやすい大きさにちぎる。しょうがは薄切りにする。
3 鍋に1、A、みそを溶き入れて弱火にかける。沸騰したら2を加え、蓋をして1時間30分ほど煮込む（煮汁が半分以下に減った場合は水を足す）。煮汁が半分になったら器に盛る。

一品料理❶

15分

おすすめのお酒
ビール
ワイン

塩味

コンビーフとじゃがいもの
ガレット
カリカリに焼いたコンビーフが絶品！

材料（2人分）

コンビーフ…1缶（80g）
じゃがいも…2個
オリーブ油…適量
塩…適宜

作り方

1 じゃがいもはスライサーでせん切りにする。
2 フライパンにオリーブ油を熱し、コンビーフを入れて全体がほぐれるまで炒める。
3 1を加えて全体が混ざるように軽く炒め、フライパンに広げて形を整える。弱めの中火で3分ほど焼き、裏返して上からおさえ、さらに3分ほど焼く。器に盛り、食べやすい大きさに切る。好みで塩をかけていただく。

Time Table　0min　→　10min　→　80min

〈下準備〉
✗牛肉の下処理をして切る。
✗こんにゃくをちぎる。
✗しょうがを切る。

〈火にかける〉
✗牛肉、こんにゃく、しょうがを調味料で煮る。

〈切る〉
❶❷❸野菜を切る

5分

（解凍時間を除く）

めんつゆ味

アボカドのねばねば和え

材料を切って和えるだけで簡単！

材料（2人分）

冷凍オクラ（カットタイプ）…50g

長いも…150g

アボカド…1個

A｜めんつゆ（4倍濃縮）…小さじ2
　｜わさび…小さじ1

作り方

1 オクラは解凍する。

2 長いもは1cm角に切る。アボカドは種を取り除き、1cm角に切る。

3 ボウルに1、2、Aを加えて混ぜ合わせる。

5分

ピリ辛味

キャベツのメンマ和え

メンマの塩味があとを引くおいしさ！

材料（2人分）

キャベツ…3枚

メンマ…50g

A｜ごま油…小さじ2
　｜鶏がらスープの素…小さじ1/3

作り方

1 キャベツは一口大にちぎって耐熱容器に入れる。ふんわりとラップをして電子レンジで2分30秒加熱し、ペーパータオルで水けを拭き取る。

2 メンマを加え、大きいものは手で割く。Aを加えてよく和える。

→ **90min** ──────────── → **100min** ──────────── → **115min**

〈火にかける〉
❶ コンビーフとじゃがいもを炒める。
〈電子レンジに入れる〉
❸ キャベツを電子レンジで加熱する。

〈仕上げる〉
❶ コンビーフとじゃがいもを両面焼く。
❷ アボカドのねばねば和えの材料を混ぜ合わせる。
❸ キャベツのメンマ和えの材料を混ぜ合わせる。

完成！

居酒屋風メニューで乾杯！
激うまおつまみ

居酒屋で出てくるおつまみをおうちで再現！　少し手の込んだ居酒屋気分を味わえる激うまなおつまみレシピです。

40分

おすすめのお酒

ビール
レモンサワー
ハイボール
ワイン

本日のおしながき

チキンサラダ生春巻き→ P94

炙りサーモンねぎマヨ→ P94

とうもろこしの天ぷら→ P95

明太マヨチーズバゲット焼き→ P95

Day 4

メインの一品

15分

ビール
レモンサワー

おすすめのお酒

ドレッシング味

チキンサラダ生春巻き

好みのドレッシングにつけて食べて！

材料（2人分）

鶏ささみ肉…2本　　ライスペーパー（大）…3枚
酒…小さじ1　　　　サニーレタス…3枚
キャベツ…2〜3枚　　好みのドレッシング…適量
トマト…1個

作り方

1 耐熱容器に鶏肉を入れてフォークで両面に数か所穴を開ける。酒を回しかけ、ふんわりとラップをして電子レンジで2分加熱し、粗熱を取る。
2 キャベツはせん切り、トマトは小さめに切る。
3 ボウルに2を入れ、1を裂いて加え、混ぜ合わせる。
4 ライスペーパーをぬるま湯につけてやわらかくし、サニーレタスをちぎってのせ、その上に3をのせる。
5 手前から奥に向かってクルクル巻く。これを3個作ってそれぞれ4等分に切る。器に盛り、好みのドレッシングにつけていただく。

一品料理❶

5分

ビール
ハイボール

おすすめのお酒

マヨネーズ味

炙りサーモンねぎマヨ

香ばしいサーモンがマヨネーズとマッチ！

材料（2人分）

サーモン（刺身用）…1柵（200g）
かいわれ大根…適量
レモン…適量
小ねぎ…2本
マヨネーズ…適量
わさびじょうゆ…適宜

作り方

1 かいわれ大根は根元を切り落とす。レモンはくし形切り、小ねぎは小口切りにする。
2 サーモンはバーナーで両面をこんがり炙って食べやすい大きさに切る。
3 器にかいわれ大根、2を順にのせ、マヨネーズをかけて小ねぎを散らし、レモンを添える。好みでわさびじょうゆをかけ、レモンを搾っていただく。

Time Table　**0min** ————————————→　**15min** ————

〈下準備〉
✖ 鶏肉は下処理をして加熱する。
✖❶❷❸野菜、バゲットを切る。

〈混ぜる〉
✖ チキンサラダ生春巻きの具材を混ぜ合わせる。
❷とうもろこしと衣の材料を入れて混ぜる。
❸明太子とマヨネーズを混ぜる。

一品料理❷

一品料理❸

15分

15分

ワイン

塩味

とうもろこしの天ぷら

サクッと甘い天ぷらをどうぞ！

材料（2人分）

とうもろこし…1本
小麦粉…大さじ2
A ｜ 水…大さじ1と1/2
　｜ 塩…小さじ1/4
揚げ油…適量
塩…適量

作り方

1 とうもろこしは破裂を防ぐため、実の表面に1列ずつ包丁の先で切り込みを入れる。半分に切り、芯に沿って実を削ぎ落としてペーパータオルで水けを拭き取る。

2 ボウルに**1**、小麦粉を入れて全体を混ぜ合わせ、**A**を加えてねっとりするまで混ぜる。

3 フライパンに揚げ油を弱めの中火で熱し、**2**をスプーンで少しずつ取って入れる。かたまるまでは触らずに、周りがかたまったら裏返してこんがり焼き色がつくまで揚げる。油をきって器に盛り、塩を添える。

チーズ味

明太マヨチーズバゲット焼き

とろっととろけるチーズと
明太マヨが絡んで美味！

材料（2人分）

バゲット（1.5cm厚さ）…4枚
明太子…1腹
マヨネーズ…大さじ1と1/2
ピザ用チーズ…50g
パセリのみじん切り…適量

作り方

1 バゲットは一口大に切り、耐熱皿に入れる。

2 明太子は皮を取り除いてほぐし、ボウルに入れる。マヨネーズを加えてよく混ぜる。

3 バゲットに**2**を塗り、チーズをかける。トースターでこんがりするまで焼き、パセリをふる。

→ **20min** ─────────────────────── → **35min** ─────── → **40min**

〈トースターに入れる〉
❸バゲットに明太マヨネーズを塗り、チーズをかけて焼く。
〈揚げる〉
❷とうもろこしの天ぷらを揚げる。

〈炙る〉
❶サーモンを炙って切る。

〈仕上げる〉
✗チキンサラダ生春巻きの具材をライスペーパーで巻く。
❶器に野菜とサーモンを盛り、トッピングをする。

完成！

Day 5

焼き鳥メインの
居酒屋メニュー

焼き鳥にぴったりの居酒屋レシピをご紹介。室蘭焼き鳥風に合うサラダや揚げ物、さっぱり副菜をぜひセットで作ってみてください。

おすすめのお酒

ビール
ワイン
日本酒

本日のおしながき

北海道室蘭焼き鳥風 → P98

お好み焼き風ポテサラ → P98

しいたけのファルシー → P99

まぐろのねばねば盛り → P99

50分

メインの一品

20分

甘辛味

北海道室蘭焼き鳥風

室蘭名物、豚肉と玉ねぎで作る焼き鳥風！

ビール
おすすめのお酒

材料（2人分）

豚バラブロック…250g
玉ねぎ…1/2個
塩・こしょう…各少々
A｜しょうゆ…大さじ2と1/2
　｜みりん…大さじ2
　｜砂糖・酒・白だし…各大さじ1
練りがらし…適量

作り方

1 玉ねぎはくし形切りにし、さらに半分に切る。
　豚肉は4cm幅に切り、1.5cm厚さに切る。
2 竹串に玉ねぎと豚肉を交互に刺す。これを8本
　作り、塩・こしょうをふる。
3 魚焼き用グリルに2を入れて両面3分ずつ焼く。
4 混ぜ合わせたAをフライパンに入れて中火にか
　け、ふつふつとしてきたら弱火にしてとろみ
　がつくまで煮詰める。3にハケで塗りながらタ
　レを絡める。器に盛り、練りがらしを添える。

一品料理❶

おすすめのお酒
ビール

15分

ソース味

お好み焼き風ポテサラ

あのお好み焼きの味をポテサラで！

材料（2人分）

じゃがいも…大3個（または小4個）
豚バラ薄切り肉…100g
塩・こしょう…各少々
紅しょうが…適量
A｜マヨネーズ…大さじ3
　｜削り節…小1/2袋（1g）
　｜粗びき黒こしょう…小さじ1/2
中濃ソース・青のり…各適量

作り方

1 じゃがいもは半分に切って耐熱容器に入れる。
　ふんわりとラップをして電子レンジで6〜7分
　加熱し、熱いうちにつぶす。
2 フライパンに豚肉を入れて色が変わるまで焼
　く。塩・こしょうをふってカリッとするまで
　焼く。
3 1に2と水けを拭き取った紅しょうが、Aを入
　れて混ぜ合わせて粗熱を取る。器に盛り、中
　濃ソース、青のりを順にかける。

Time Table 0min ——→ 15min ——→ 20min

〈下準備〉
✘❶❷❸豚肉、野菜、しいたけを切る。
✘竹串に玉ねぎと豚肉を刺す。

〈混ぜる〉
✘北海道室蘭焼き鳥風
　のタレを混ぜる。
❷しいたけのファルシ
　ーの具材を混ぜる。

〈電子レンジ・トースター・グリルに入れる〉
✘北海道室蘭焼き鳥風を魚焼きグリルで焼く
❶じゃがいもを電子レンジで加熱してつぶす。
❷しいたけに具材をのせてトースターで焼く。

15分

ワイン

おすすめのお酒

塩味

しいたけのファルシー

しいたけのうま味とサクサクのパン粉がマッチ！

材料（2人分）

生しいたけ…3枚
A ┃ パン粉…大さじ3
┃ パセリのみじん切り・粉チーズ・
┃ 　オリーブ油…各大さじ2
┃ おろしにんにく…小さじ1
┃ 塩・こしょう…各少々

作り方

1 しいたけは石づきを取り除いて軸とかさに分
け、軸は切り落としてみじん切りにする。

2 ボウルにしいたけの軸、**A**を入れて混ぜ合わせ
る。

3 天板にアルミホイルをしき、しいたけのかさ
の裏面を上にして置く。**2**を3等分にしてしい
たけの上にのせ、トースターで焦げないよう
に様子を見ながら10分ほど焼く。

20分

しょうゆ味

まぐろのねばねば盛り

ねばねば食材をまぐろに全部盛り！

材料（2人分）

まぐろ（刺身用）…100g
オクラ…3本
塩…少々
なめこ…1/2袋（50g）
長いも…100g
ひきわり納豆…1パック
しょうゆ・わさび…各適量

作り方

1 オクラに塩をふり、まな板の上で転がして産
毛を取る。

2 鍋に湯を沸かし、**1**を入れて2分ほどゆでて取
り出し、同じ鍋になめこを入れて2分ほどゆで
て粗熱を取る。

3 オクラは食べやすい大きさに切り、なめこは
ペーパータオルでおさえて水けを拭き取る。

4 長いもはポリ袋に入れ、たたいてつぶす。ま
ぐろは2cm角に切る。

5 器に**4**、**3**、納豆を盛り、しょうゆとわさびを
添える。

→ **30min** ─────────── → **40min** ─────── → **50min**

〈焼く〉
❶お好み焼き風ポテサラの豚肉を焼く。
〈ゆでる〉
❷オクラは下処理し、ゆでて切る。
❸なめこはゆでる。

〈切る・つぶす〉
❸まぐろを切る。
❸長いもはたたいてつぶす。

〈仕上げる〉
✕北海道室蘭焼き鳥風のタレを火にか
　け、焼き鳥に絡める。
❶お好み焼き風ポテサラの材料を混ぜ
　合わせてトッピングをする。
❸まぐろのねばねば盛りの材料を盛る。

完成！

Day 6

週末飲み♪ ワインに合うおつまみ

ワインに合わせたいおしゃれなイタリアン風おつまみをご紹介。食卓も華やかで、週末にゆっくりワインを味わいたいときにおすすめです。

60分

おすすめのお酒

ビール
ワイン

本日のおしながき

牛肉の赤ワイン煮込み →P102

生ハムカマンベールチーズフライ →P102

牡蠣とマッシュルームのアヒージョ →P103

なすとトマトのカプレーゼ風 →P103

Day 6

メインの一品

40分

ワイン

おすすめのお酒

しょうゆ味

牛肉の赤ワイン煮込み

赤ワインで煮込んで濃厚で贅沢な味わい

材料（2人分）

牛肉…300g
小麦粉…適量
玉ねぎ…1個
エリンギ…1個
にんにく…1かけ
A ｜ 赤ワイン…400㎖
　 ｜ しょうゆ…大さじ3

はちみつ…小さじ1
タイム…4ふり
パセリ（乾燥パセリでも
可）…大さじ1
バター…15g
塩・こしょう…各適量
オリーブ油…大さじ1
ミニトマト・ベビーリーフ
…各適量

作り方

1 牛肉は煮込みやすい大きさに切り、小麦粉を
　まぶす。
2 玉ねぎ、エリンギは薄切りにする。にんにく
　はつぶす。ミニトマトは半分に切る。
3 フライパンにオリーブ油、にんにくを入れて
　熱し、にんにくの香りが出たら1を入れる。両
　面に焼き色がついたら玉ねぎ、エリンギを加え、
　玉ねぎの上に牛肉をのせる。
4 Aを加えて弱火で30分ほど煮込む。バターを
　加え、塩・こしょうで味を調える。牛肉を食
　べやすい大きさに切り、器に盛ってミニトマ
　トとベビーリーフを添える。

一品料理❶

おすすめのお酒

ビール
ワイン

10分

チーズ味

生ハムカマンベールチーズ
フライ

外はカリッと、中からチーズがとろ～り

材料（2人分）

カマンベールチーズ（切れてるタイプ）
　…6個（15g×6）
生ハム…6枚
A ｜ 小麦粉・溶き卵・パン粉…各適量
揚げ油…適量

作り方

1 カマンベールチーズ1個を生ハム1枚で巻く。
　これを6個作る。
2 1にAを材料欄の順につける。
3 フライパンに揚げ油を熱し、2を入れてこんが
　りきつね色になるまで揚げる。

Time Table **0min** ——————————————→ **15min**

〈下準備〉
❷牛肉を切って小麦粉をまぶす。
❷❸野菜を切る。
❶カマンベールチーズを生ハムで巻いて小麦粉をまぶす。
❷牡蠣の水けを拭き取る。

〈焼く〉
❷にんにく、牛肉、玉ねぎ、エリンギを炒める。
❸なすを焼く。

一品料理❷

20分

ワイン

おすすめのお酒

[塩味]

牡蠣とマッシュルームのアヒージョ

手軽にパーティ気分！
牡蠣のぷりぷり食感を味わって

材料（2人分）

牡蠣…80〜100g
マッシュルーム…8〜10個
パプリカ（黄）…1/2個
にんにく…2かけ
塩…小さじ1
鷹の爪（輪切りタイプ）…適量
オリーブ油…200㎖

作り方

1 マッシュルームはペーパータオルで汚れを拭き取り、半分に切る。パプリカは乱切り、にんにくは薄切りにする。
2 牡蠣は塩（分量外）で揉んで洗い、ペーパータオルでおさえて水けを拭き取る。
3 スキレット（またはフライパン）に全ての材料を入れて弱火で10分ほど加熱する。

一品料理❸

10分

ワイン

おすすめのお酒

[塩味]

なすとトマトのカプレーゼ風

鮮やかな色合いが嬉しいつけ合わせ！

材料（2人分）

なす…2本
ミニトマト…7〜8個
A｜スパイスソルト・粉チーズ…各適量
オリーブ油…適量

作り方

1 なすは輪切り、ミニトマトは半分に切る。
2 フライパンにオリーブ油を熱し、なすを入れて両面こんがり焼き色がつくまで焼く。
3 ボウルに2、ミニトマトを入れ、オリーブ油をかけてAをふり、混ぜ合わせる。

→ **30**min ─────→ **45**min ──────────────→ **60**min

〈煮込む〉
✕ 牛肉、玉ねぎ、エリンギに調味料を加えて煮込む。

〈揚げる〉
❶生ハムを巻いたカマンベールチーズに衣をつけて揚げる。
〈仕上げる〉
❷スキレットに牡蠣とマッシュルームのアヒージョの材料を入れて加熱する。
❸なすとトマトに味つけをする。

完成！

はんぺんのおつまみ3選!

はんぺんがやみつきおつまみに早変わり!
ふわふわ食感のはんぺんをいろいろな味つけでお楽しみください。

おすすめのお酒

ビール

ケチャップ味

はんぺんナゲット

揚げずに作れる! ちくわの食感も楽しい

10分

材料(2人分)

はんぺん…1枚(150g)
ちくわ…3本
A | ピザ用チーズ…50g
　 | マヨネーズ・片栗粉…各大さじ1
サラダ油…大さじ3
トマトケチャップ…適量

作り方

1 はんぺんはポリ袋に入れ、手で揉んでつぶす。

2 ちくわは薄い輪切りにし、**1**に加える。

3 **2**に**A**を加えてよく揉み、8等分にして平たく丸める。

4 フライパンにサラダ油を熱し、片面3分ずつ焼く。器に盛り、トマトケチャップを添える。

ビール

おすすめのお酒

チーズ味

はんぺんの
のりチー焼き

8分

のりの佃煮が味のアクセント！

材料（2人分）

はんぺん…1枚（150g）
のりの佃煮…大さじ1
ピザ用チーズ…適量
サラダ油…大さじ1

作り方

1 はんぺんは半分の厚さに切る。
2 のりの佃煮を1の1切れに塗り、チーズをのせてはんぺんのもう1切れで挟む。
3 フライパンにサラダ油を熱し、2を入れて両面焼き色がつくまで焼く。取り出して好みの大きさに切る。

チーズ味

はんぺんとじゃこと
青じそのチーズ焼き

青じそのさっぱり風味で食がどんどん進む！

材料（2人分）

はんぺん…1枚（150g）
青じそ…約5枚
ちりめんじゃこ…15g
ピザ用チーズ…40g
ごま油…大さじ1

おすすめのお酒

ビール
日本酒

8分

作り方

1 はんぺんはポリ袋に入れ、手で揉んでつぶす。
2 青じそは細かく刻む。
3 1にちりめんじゃこ、2を加えてよく揉み、4等分にして平らに丸める。
4 フライパンにごま油を熱し、3を入れて両面こんがりするまで焼く。
5 4のフライパンにチーズを1/4量ずつ入れ、その上にはんぺんをのせる。チーズがこんがりするまで焼く。

冷蔵庫の整理をしながらの
おつまみ作り

　まとめ買いでお得に買ったつもりの食材たち。使いきれずに冷蔵庫で出番を待っていることもありますよね（笑）。最近、SNSでよく見かけるワードに「アルモンデ」があります。アルモンデとは、新たに食材を買って料理をするのではなく、その日「あるもので」工夫して作る料理のことなのだそう。

　皆さんの冷蔵庫や冷凍庫には、使いきれずに中途半端に残っている食材はありませんか？　キャベツやもやしが残っていたら豚肉、鶏肉と合わせてとん平焼きにしちゃいましょう！牛肉だったらスタミナ炒めもいいですね♪昨日の残り物の肉じゃがは水を加えて和風カレーや和風シチューに大変身。そんな感じでひと手間かけて、おいしくアレンジしちゃいましょう！

　アルモンデのいいところは、①節約になる②賞味期限切れを防ぐ③食材の買い出しの手間を省ける④冷蔵庫の残り食材を整理できる　というところです。アイデア次第で新たなおいしさも発見できて料理がさらに楽しくなりそうですね！　食品の値上げラッシュの中、余り食材をごちそうにしちゃいましょう！

Part 4

旬の食材で作る！季節のおかずおつまみ

季節の食材を使ったおかずおつまみをご紹介。
旬の食材を使うことで、普段のおつまみをより一層おいしく作ることができます。
季節ごとのイベントに合わせて作ってみても。
旬の食材を使って四季を感じながらお酒をたしなんでみてはいかがですか？

Time Tableは
下記をご参照ください。
〆＝メイン料理
❶＝一品料理❶
❷＝一品料理❷
❸＝一品料理❸

おすすめのお酒

ビール
レモンサワー
日本酒

本日のおしながき

春キャベツのグラタン → P110

そら豆のペペロンチーズ春巻き → P110

菜の花と長いものからし和え → P111

かつおのたたきの新玉和え → P111

50分

家飲みで春を楽しむおつまみ

春が旬の甘みのある食材を使ったおつまみです。洋風や和風などさまざまな味つけで春のさわやかなおつまみを楽しんでみてください。

メインの一品

10分

ビール
レモンサワー

おすすめのお酒

一品料理❶

15分

ビール
レモンサワー

おすすめのお酒

チーズ味

春キャベツのグラタン

春キャベツの存在感で食べ応え満点！

材料（2人分）

春キャベツ…1/4玉
玉ねぎ…1/2個
ウインナー…3本
ゆで卵…2個
粗びき黒こしょう…適量

小麦粉…大さじ2
牛乳…400㎖
塩・こしょう…各適量
ピザ用チーズ…適量
オリーブ油…小さじ1
バター…大さじ1

作り方

1 キャベツはざく切りにし、玉ねぎは薄切りにする。ウインナー、ゆで卵は食べやすい大きさに切る。

2 フライパンにオリーブ油、バターを熱し、玉ねぎ、ウインナー、粗びき黒こしょうを入れて炒める。ある程度火が通ったら小麦粉を加えて粉っぽさがなくなるまで炒める。

3 半量の牛乳を加えてなめらかになるまで混ぜる。残りの牛乳、塩・こしょう、キャベツを加え、キャベツがやわらかくなったらグラタン皿に移す。

4 3にゆで卵、チーズをのせてトースターで焼き色がつくまで焼く。

チーズ味

そら豆のペペロンチーズ春巻き

パリパリの皮からホクホクのそら豆が顔を出す！

材料（2人分）

そら豆（さやつき）…5〜6本
にんにく…1かけ
ベーコン（ハーフサイズ）
　…2〜3枚
鷹の爪（輪切りタイプ）・
　粗びき黒こしょう…各適量

ピザ用チーズ…適量
春巻きの皮
　（ミニサイズ）…4枚
オリーブ油…大さじ1
揚げ油…適量

作り方

1 そら豆はさやから取り出し、薄皮をむく。にんにくはみじん切り、ベーコンは細かく切る。

2 フライパンにオリーブ油を熱し、にんにくを入れて弱火で炒め、ベーコン、そら豆、鷹の爪、粗びき黒こしょうを加えて3〜4分炒めて粗熱を取る。

3 春巻きの皮1枚に4等分にした2をおき、その上にチーズをのせる。手前から奥に向かってクルクル巻き、半分巻いたら両端を折りたたんでさらに巻き、水をつけてとめる。これを4個作る。

4 フライパンに揚げ油を熱し、3を入れて両面こんがり焼き色がつくまで揚げる。

Time Table　0min　⟶　10min　⟶　15min

〈下準備〉
✖❶❷❸野菜、ウインナー、ゆで卵、ベーコン、かつおを切る。
❶そら豆はさやから取り出して皮をむく。

〈混ぜる〉
❷菜の花と長いものからし和えのタレを混ぜる。
❸かつおのたたきの新玉和えのタレを混ぜる。

〈電子レンジに入れる〉
❷菜の花を電子レンジに入れる。

おすすめのお酒
ビール
日本酒

おすすめのお酒
日本酒

一品料理❷

一品料理❸

10分

10分

みそ味

菜の花と長いもの
からし和え

ほんのり苦味のきいたさっぱりとした副菜！

材料（2人分）

菜の花…100g
水…大さじ1
長いも…200g
A｜酢・みそ…各大さじ1
　｜砂糖…小さじ2
　｜練りがらし…小さじ1

作り方

1 菜の花は3cm幅に切り、耐熱容器に入れて水を回し入れる。ふんわりとラップをして電子レンジで2分加熱する。水にさらして水けを絞り、ボウルに入れる。
2 長いもはせん切りにして1に加える。
3 混ぜ合わせたAを加えて和える。

しょうゆ味

かつおのたたきの新玉和え

シャキシャキの新玉ねぎが
かつおの風味とマッチ！

材料（2人分）

かつおのたたき…200g
新玉ねぎ…1個
A｜酢・しょうゆ…各大さじ1
　｜おろししょうが・おろしにんにく…各小さじ1
小ねぎ…適量

作り方

1 玉ねぎは薄切りにし、水に2〜3分さらして水けをきる。かつおは1cm幅に切る。小ねぎは小口切りにする。
2 器に玉ねぎをしき、かつおをのせる。小ねぎを散らして混ぜ合わせたAをかける。

─────────────→ **30min** ─────────────────→ **50min**

〈炒める〉
✖ 玉ねぎ、ウインナーを炒めて牛乳、キャベツを加え混ぜる。
❶ にんにく、ベーコン、そら豆を炒める。

〈仕上げる〉
✖ グラタン皿に春キャベツのグラタンの材料を入れてトースターで焼く。
❶ そら豆のペペロンチーズを春巻きで包んで揚げる。
❷ 菜の花、長いもにタレをかける。
❸ かつおのたたきの新玉和えを盛りつけてタレをかける。

完成!

火を使わない夏のおつまみ

夏の暑い日には火を使わずにできるおつまみがおすすめ。電子レンジやトースター
で作るおいしいおつまみとお酒で夏の暑さを払いましょう！

50分

おすすめのお酒

ビール
レモンサワー
ハイボール

本日のおしながき

メインの一品

20分

ソース味

レンジで
かにクリームコロッケ風

スプーンでいただくスコップコロッケ！

材料（2人分）

玉ねぎ…1/2個
かに風味かまぼこ…5本
スイートコーン（あれば）
　…適量
A | 牛乳…300㎖
　　 | バター…30g
　　 | 小麦粉…大さじ3

コンソメ（顆粒）
　…小さじ1
塩・こしょう
　…各適量
パン粉…適量
パセリのみじん切り・
中濃ソース…各適量

作り方

1 玉ねぎは粗みじん切りにする。かに風味かまぼこは3等分に切ってほぐす。

2 ボウルに**1**、コーン、**A**を入れ、ふんわりとラップをして電子レンジで7分加熱する。よく混ぜ合わせ、再びふんわりとラップをしてさらに5分加熱する。

3 とろみがついたら耐熱皿に**2**を移し、パン粉をかけてトースターでこんがり焼き色がつくまで焼く。パセリを散らし、中濃ソースをかけていただく。

一品料理❶

15分

マヨネーズ味

和風ポテサラ

プチプチ枝豆の食感が楽しい！

材料（2人分）

じゃがいも…2個
ゆで卵…2個
枝豆…適量
ちくわ…2本
A | マヨネーズ…大さじ3
　　 | ごま油…大さじ1/2
　　 | めんつゆ（4倍濃縮）…小さじ1と1/2
粗びき黒こしょう…適量

作り方

1 じゃがいもは小さめに切り、耐熱容器に入れる。ふんわりとラップをして電子レンジで5〜6分加熱し、熱いうちにつぶす。

2 ゆで卵は4等分に切る。枝豆はさやから取り出す。ちくわは輪切りにする。

3 **1**に枝豆、ちくわ、**A**を加えて混ぜ合わせ、ゆで卵を加えて軽く混ぜる。器に盛り、粗びき黒こしょうをふる。

Time Table 0min ⟶ 15min

〈下準備〉
✂❶❷❸野菜、かに風味かまぼこ、ゆで卵、ちくわ、豚肉を切る。

〈電子レンジに入れる〉
✂玉ねぎ、かに風味かまぼこ、コーン、調味料を加えて混ぜて電子レンジに入れる。
❷春雨、にんじん、調味料を入れて電子レンジに入れる。

一品料理❷

15分

（冷蔵庫で冷やす時間は除く）

おすすめのお酒

ビール

おすすめのお酒

ビール
ハイボール

一品料理❸

15分

しょうゆ味

レンジで春雨サラダ

レンジで簡単！ ツルツル春雨でさっぱり副菜

材料（2人分）

春雨…40g
にんじん…1/4本
A | 水…130㎖
    | しょうゆ・砂糖・酢…各大さじ2
    | ごま油…大さじ1
きゅうり…1/2本
ハム…4枚
白炒りごま…適量

作り方

1 にんじんはせん切りにする。きゅうり、ハム
  は細切りにする。
2 ボウルに春雨、**A**、にんじんを加えて軽く混ぜ
  る。ふんわりとラップをして電子レンジで7分
  加熱する（春雨がかたい場合、1分追加して加
  熱し、余熱で火を通す）。軽く混ぜて粗熱を取る。
3 2にきゅうり、ハム、白炒りごまを加えて和え、
  冷蔵庫で冷やしていただく。

ピリ辛味

大根と豚バラ肉の ピリ辛蒸し

お皿に材料を並べるだけでできる
ピリ辛の一品！

材料（2人分）

大根…15cm
豚バラ肉…150g
A | ポン酢しょうゆ…大さじ2
    | 食べるラー油…大さじ1
小ねぎ…適量

作り方

1 豚肉は5cm幅に切る。大根はスライサーで薄い
  輪切りにする。小ねぎは小口切りにする。
2 耐熱皿に大根と豚肉を交互に並べる。
3 2に**A**を材料欄の順にかける。ふんわりとラッ
  プをして電子レンジで5分加熱し、小ねぎを散
  らす。

→ **30min**

〈電子レンジに入れる〉
❶じゃがいもを電子レンジに入れてつぶす。
❸大根と豚肉を交互に並べて調味料をかけ、電子レンジに入れる。
〈仕上げる〉
❷春雨サラダの残りの材料を加えて和え、冷蔵庫で冷やす。

→ **45min**

〈仕上げる〉
〆かにクリームにパン粉をかけてトー
  スターで焼く。
❶じゃがいもに和風ポテサラの残りの
  材料を加えて混ぜる。

→ **50min**

完成！

食欲の秋に
大満足おつまみ

秋の味覚を使ったおつまみをご紹介。ごはんと
お酒が進む食欲の秋にぴったりの濃厚でボリュ
ーム満点のおつまみです。

50分

おすすめのお酒

ビール
レモンサワー
ハイボール
日本酒
ワイン

本日のおしながき

秋鮭のきのこみぞれ
→ P118

なすとちくわの梅マヨサラダ
→ P118

さつまいもとベーコンのガリバタ炒め
→ P119

長いもと厚揚げのお好み焼き風
→ P119

おすすめのお酒

**日本酒
ハイボール**

メインの一品

15分

おすすめのお酒

**ビール
日本酒**

一品料理❶

10分

（冷蔵庫で冷やす時間は除く）

めんつゆ味

秋鮭のきのこみぞれ

さっぱりとした生鮭ときのこで！

材料（2人分）

生鮭（切り身）…2切れ
まいたけ…1/2株
しめじ…1/2パック
A｜みりん・めんつゆ（4倍濃縮）…各大さじ2
　｜酒…大さじ1
大根…3cm
小ねぎ…適量

作り方

1 鮭は1切れを3等分に切る。まいたけ、しめじ
はほぐす。大根はすりおろし、小ねぎは小口
切りにする。
2 耐熱容器に鮭、まいたけ、しめじをのせてAを
回しかける。ふんわりとラップをして電子レ
ンジで7分加熱する。器に盛り、大根おろしを
のせて小ねぎを散らす。

マヨネーズ味

なすとちくわの梅マヨサラダ

酸味のきいた梅マヨがおいしい！

材料（2人分）

なす…1本
ちくわ…3本
梅干し…1〜2個
マヨネーズ…大さじ2
削り節…適量

作り方

1 なすは2〜3等分の長さに切り、縦8等分に切る。
耐熱容器に入れ、ふんわりとラップをして電
子レンジで3分加熱し、粗熱を取る。
2 ちくわは半分の長さに切り、縦4等分に切る。
梅干しはほぐす。
3 1に2を加える。マヨネーズを加えて和え、冷
蔵庫で冷やす。器に盛り、削り節をかける。

Time Table 0min ——————————————→ 15min

〈下準備〉
✗❶❷❸鮭、野菜、ちくわ、ベーコン、厚揚げを切る。
✗きのこをほぐす。
❶梅干しをほぐす。

〈電子レンジに入れる〉
✗鮭、きのこに調味料をかけて電子レンジに入れる。
❶なすを電子レンジに入れる。
❷さつまいもを電子レンジに入れる。

10分

ビール
ワイン

おすすめのお酒

15分

ビール
レモンサワー

おすすめのお酒

[塩味]

さつまいもとベーコンの
ガリバタ炒め

秋を感じるこってり炒め物！

材料（2人分）

さつまいも…1/2本
ブロックベーコン…50g
にんにく…1～2かけ
塩・こしょう…各適量
オリーブ油…大さじ1
バター…15g

作り方

1 さつまいもは1cm幅の半月切りにし、耐熱容器に入れる。ふんわりとラップをして電子レンジで5分加熱する。
2 ベーコンは拍子木切りにする。にんにくは薄切りにする。
3 フライパンにオリーブ油を熱し、2を入れてベーコンがカリカリになるまで炒める。
4 3に1、バターを加え、バターが全体になじむように炒める。塩・こしょうをふり、味を調える。

[ソース味]

長いもと厚揚げの
お好み焼き風

長いもと厚揚げで食べ応え抜群！

材料（2人分）

長いも…10cm
厚揚げ…1枚（150g）
ごま油…大さじ1
A｜お好み焼きソース・マヨネーズ・削り節・青のり・揚げ玉・紅しょうが…各適量

作り方

1 長いもは1cm幅の輪切りにする。厚揚げは半分の厚さに切り、8等分に切る。
2 耐熱容器に長いもと厚揚げを交互に並べ、ごま油をかける。トースターで7～8分焼く。
3 2にAを材料欄の順にかける。

→ **35min** ─────────────────────→ **45min** ──────→ **50min**

〈トースターに入れる〉
❸長いもと厚揚げを交互に並べてトースターに入れる。
〈炒める〉
❷さつまいもとベーコンのガリバタ炒めの材料を炒める。

〈仕上げる〉
❶なすとちくわの梅マヨサラダの材料を和えて冷蔵庫で冷やす。

〈仕上げる〉
〆鮭、きのこにトッピングをする。
❸長いもと厚揚げのお好み焼き風にトッピングをする。

完成！

冬はワインに合う
おつまみ作って晩酌♪

寒い冬にぴったりのワインに合うおつまみレシピ。おしゃれなおつまみばかりでクリスマスなどのパーティで作っても喜ばれること間違いなし。

おすすめのお酒

ビール
ワイン

本日のおしながき

たらのソテートマトソース →
P122

ベビーリーフとオリーブのサラダ →
P122

カマンベールのアンチョビパン粉焼き →
P123

コンビーフのミニピザ →
P123

45分

おすすめのお酒　**ワイン**　メインの一品

15分

おすすめのお酒　**ビール ワイン**　一品料理①

5分

`塩味`

たらのソテートマトソース

色鮮やかなフレッシュトマトのソースで！

材料（2人分）

たら（切り身）…2枚
酒…大さじ1
塩・こしょう…各適量
にんにく…1かけ
トマト…1個
A オリーブ油…大さじ1
　　 乾燥パセリ・塩・こしょう…各適量
オリーブ油…大さじ1

作り方

1 たらに酒をかけて2〜3分おく。ペーパータオルでおさえて水けを拭き取り、塩・こしょうをふる。
2 にんにくはみじん切り、トマトは1cm角に切る。
3 ボウルに**2**、**A**を入れて混ぜ合わせる。
4 フライパンにオリーブ油を熱し、**1**を皮目から入れて焼き色がつくまで焼く。裏返し、蓋をして弱火で2〜3分焼く。器に盛り、**3**をかける。

`塩味`

ベビーリーフとオリーブの サラダ

オリーブと生ハムでぐっと大人の味に！

材料（2人分）

ミニトマト…5個
ベビーリーフ…1袋
ブラックオリーブ…25g
A オリーブ油…大さじ2
　　 レモン汁…大さじ1
　　 塩…小さじ1/4
　　 粗びき黒こしょう…適量
生ハム…6枚

作り方

1 ミニトマトは半分に切る。
2 ボウルに**1**、ベビーリーフ、オリーブ、**A**を加えて和える。
3 器に盛り、生ハムをのせる。

Time Table　**0min** ──────→ **15min**

〈下準備〉
✕①③野菜を切る。
✕たらに下味をつける。

〈混ぜる〉
✕たらのソテートマトソースのソース材料を混ぜる。
①ベビーリーフ、ミニトマト、オリーブ、調味料を和える。
②カマンベールのアンチョビパン粉焼きのパン粉の材料を混ぜる。
③玉ねぎとコンビーフを混ぜる。

一品料理❷

5分

ビール
ワイン

おすすめのお酒

チーズ味

カマンベールの アンチョビパン粉焼き

アンチョビ味のパン粉が
カマンベールを引き立てる！

材料（2人分）

カマンベールチーズ…1個
アンチョビペースト…2cm
A｜パン粉…大さじ3
　｜オリーブ油…大さじ1
　｜粉チーズ…小さじ2
　｜粗びき黒こしょう…適量

作り方

1 耐熱皿にカマンベールチーズをおく。その上にアンチョビペーストを塗り、混ぜ合わせたAをかける。
2 1をトースター（または魚焼きグリル）で3分焼く。途中こんがり焼き色がついたらアルミホイルを上からかぶせる。

一品料理❸

10分

ビール
ワイン

おすすめのお酒

チーズ味

コンビーフのミニピザ

味つけしっかりでお酒が進む！

材料（2人分）

コンビーフ…1缶（80g）
玉ねぎ…1/4個
餃子の皮…8枚
ピザ用チーズ…適量

作り方

1 玉ねぎは薄切りにする。
2 ボウルに1、コンビーフを入れて混ぜ合わせる。
3 天板にアルミホイルをしき、餃子の皮を並べる。その上に2を8等分にしてのせ、チーズをのせる。トースターでチーズがこんがりするまで焼く。

→ **30min** ─────────────────→ **40min** ────→ **45min**

〈トースターに入れる〉
❷カマンベールにアンチョビペーストを塗り、パン粉をのせてトースターに入れる。
❸餃子の皮に玉ねぎとコンビーフ、チーズをのせてトースターに入れる。

〈焼く〉
❌たらを焼く。

〈仕上げる〉
❌たらにソースをかける。
❶ベビーリーフとオリーブのサラダに生ハムをのせる。

完成！

油揚げのおつまみ3選！

そのまま焼けば香ばしく、裏返して焼いたらサクサク食感の油揚げ。
和風や洋風、中華料理にもなる油揚げを使った絶品おつまみをご紹介。

日本酒
焼酎

おすすめのお酒

オイスター味 **ポン酢味**

油揚げ餃子

好みのタレにつけて味の変化を楽しんで！

材料（2人分）

油揚げ…小3枚
豚ひき肉…80g
にら…1/3束
キャベツ…80g
A｜オイスターソース…小さじ2
　　鶏がらスープの素…小さじ1
　　おろししょうが・おろしにんにく
　　　…各小さじ1
B｜ポン酢しょうゆ・ラー油…各適量

作り方

1 にら、キャベツはみじん切りにする。
2 ボウルに1、ひき肉、Aを加えて手で混ぜ合わせる。
3 油揚げはペーパータオルでおさえて余分な油を吸い取り、その上で菜箸を転がす。片側の長い側面を切り、切れ端は細かく切って2に加える。
4 油揚げの口を開いて中に2を3等分にして入れる。なるべく平らになるように上からおさえて形を整える。
5 天板にアルミホイルをしき、4をのせてトースターで15分ほど焼く。途中こんがり焼き色がついたらアルミホイルを上からかぶせる。好みの大きさに切り、混ぜ合わせたBにつけていただく。

おすすめのお酒

ビール

25分

124

ポン酢味

月見きつね

青じその上に黄身をのせて
彩りアップ！

材料（2人分）

油揚げ…1枚
長ねぎ（白い部分）…1/2本
青じそ…3枚
A ┃ しらす干し…20g
　┃ 削り節（小袋）…1袋（2g）
　┃ ポン酢しょうゆ…大さじ1
卵黄…1個分

⏰ 10分

作り方

1 長ねぎは白髪ねぎにして水に5分ほどさらす。青じそはせん切りにする。
2 油揚げはペーパータオルでおさえて余分な油を吸い取り、2cm幅に切る。天板にアルミホイルをしき、油揚げをのせてトースターでこんがりするまで焼いて器に盛る。
3 ボウルに白髪ねぎ、Aを入れてよく混ぜて2にのせ、青じそ、卵黄を順にのせる。

チーズ味

油揚げのハムカツ風

油揚げは裏返すことで
カツのようなサクサクの食感に！

おすすめのお酒

ビール
レモンサワー

材料（2人分）

油揚げ…小2枚
ハム…4枚
チェダーチーズ…4枚
キャベツ・ミニトマト
　…各適量
中濃ソース（またはウスターソース）…適量

作り方

1 油揚げはペーパータオルでおさえて余分な油を吸い取り、その上で菜箸を転がす。片側の長い側面に切り込みを入れ、破れないように裏返す。キャベツはせん切りにする。
2 ハムとチーズを交互に重ねて半分に切り、油揚げに入れる。
3 天板にアルミホイルをしき、2をのせてトースターでこんがりするまで焼く。好みの大きさに切って器に盛り、キャベツ、トマトを添えて中濃ソースにつけていただく。

⏰ 8分

さくいん

あっきの家

YouTubeチャンネル登録者数9.77万人、総再生回数1790万超え（2023年9月現在）の料理系YouTuber「あっきの家」の書籍第1弾。本書で紹介している晩酌のおつまみや、ほかにもおにぎらずレシピ、作り置きレシピなどを多数紹介。おうちで居酒屋風のおつまみなどが簡単に作れると幅広い世代に好評で、作った料理を並べて夫婦で晩酌している様子も楽しいと人気。

ラクうま　おかずおつまみ

2023年12月25日　初版第1刷発行

著者	あっきの家
発行者	角竹輝紀
発行所	株式会社マイナビ出版

〒101-0003東京都千代田区一ツ橋2-6-3　一ツ橋ビル 2F
TEL：0480-38-6872（注文専用ダイヤル）
TEL：03-3556-2731（販売部）
TEL：03-3556-2735（編集部）
MAIL：pc-books@mynavi.jp
URL：https://book.mynavi.jp

STAFF
デザイン　　岡睦（mocha design）
撮影　　　　中村健太
スタイリング　MACHIKO（CUTE STYLING OFFICE）
編集　　　　丸山みき、岩間杏、秋武絵美子（SORA企画）
企画・編集　石塚陽樹（マイナビ出版）
校正　　　　聚珍社
印刷・製本　シナノ印刷株式会社

〈注意事項〉
・本書の一部または全部について個人で使用するほかは、著作権法上、著作権者および株式会社マイナビ出版の承諾を得ずに無断で複写、複製することは禁じられています。
・本書についてのご質問等ありましたら、上記メールアドレスにお問い合わせください。インターネット環境がない方は、往復ハガキまたは返信切手、返信用封筒を同封の上、株式会社マイナビ出版　編集第2部書籍編集1課までお送りください。
・本書に掲載の情報は2023年12月現在のものです。そのためお客様がご利用になるときには、情報が異なっている場合がございます。
・乱丁・落丁についてのお問い合わせは、TEL：0480-38-6872（注文専用ダイヤル）、電子メール：sas@mynavi.jpまでお願いいたします。
・本書中の会社名、商品名は、該当する会社の商標または登録商標です。

定価はカバーに記載しております。